• 후아유의 꽃자수 소품 •

프랑스 자수 소품집

Vol. 2

| 정다운 저 |

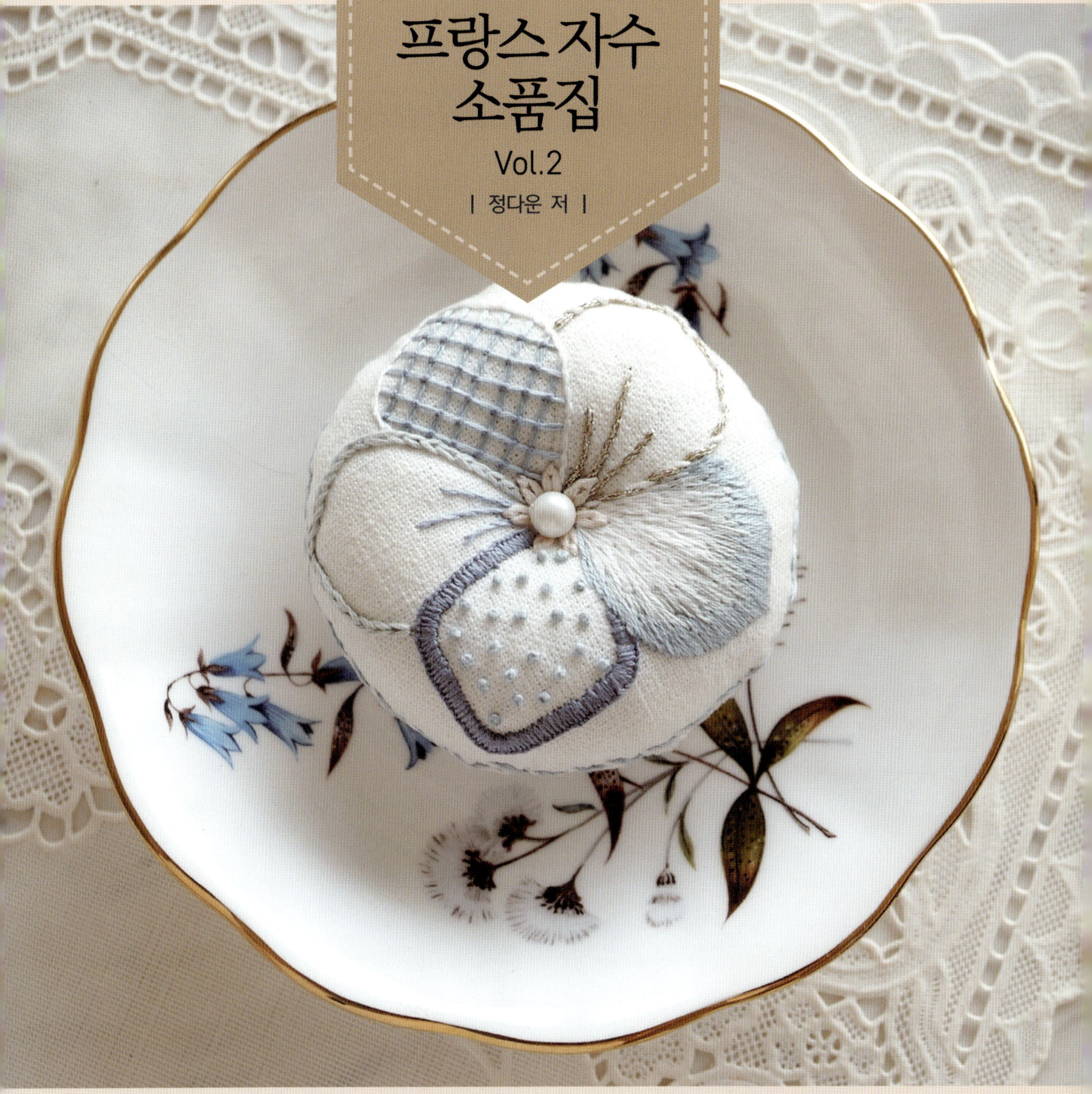

· 후아유의 꽃자수 소품 ·

프랑스 자수 소품집
Vol. 2

| 만든 사람들 |

기획 실용기획부 | **진행** 한윤지 | **집필** 정다운 | **편집** studio Y | **표지 디자인** D.J.I books design studio 원은영

| 책 내용 문의 |

도서 내용에 대해 궁금한 사항이 있으시면
저자의 홈페이지나 아이생각 홈페이지의 게시판을 통해서 해결하실 수 있습니다.
아이생각 홈페이지 www.ithinkbook.co.kr
아이생각 페이스북 www.facebook.com/ithinkbook
디지털북스 카페 cafe.naver.com/digitalbooks1999
디지털북스 이메일 digital@digitalbooks.co.kr
저자 이메일 luckylala@naver.com
저자 블로그 blog.naver.com/luckylala

| 각종 문의 |

영업관련 hi@digitalbooks.co.kr
기획관련 digital@digitalbooks.co.kr
전화번호 (02) 447-3157~8

※ 잘못된 책은 구입하신 서점에서 교환해 드립니다.
※ 이 책의 일부 혹은 전체 내용에 대한 무단 복사, 복제, 전재는 저작권법에 저촉됩니다.
※ 디지털북스 가 창립 20주년을 맞아 현대적인 감각의 새로운 로고 DIGITAL BOOKS 를 선보입니다.
　 지나온 20년보다 더 나은 앞으로의 20년을 기대합니다.
※ iTHINK 은 DIGITAL BOOKS 의 취미·실용분야 브랜드입니다.

❃후아유의 꽃자수 소품❃

프랑스 자수 소품집

Vol. 2

정다운 저

자수의 시간.

누군가에겐 새로운 취향의 발견
누군가에겐 마음이 흔들릴 때 인생의 나침반이 되기도 하고

치유의 시간이 되어 성난 마음을 다독여주기도하고
헛헛한 마음을 채우는 친구가 되기도 합니다

수를 놓는다는 것.

자수는 물과 같아서
담는 그릇에 따라 새롭기도 하지만

둥근 수틀 속에서도
네모난 액자 속에서도
그 본질의 고운 모양새는 변치 않습니다

변하지 않는 것은 다이아몬드만이 아님을.
무릎 위에서 천천히 피어나는 꽃들이,
각자의 일상 속에서 반짝 빛날 수 있길

후아유의 꽃자수소품 책과 함께하는 프랑스 자수의 시간이
함께하는 이들에게 선물 같은 시간이길 바라봅니다

파트 01

자수 기본 재료

파트 02

기본 스티치

레이지데이지
P. 20

프렌치넛
P. 22

아웃라인 스티치
P. 24

새틴 스티치
P. 26

백 스티치
P. 28

코럴 스티치
P. 29

플라이 스티치
P. 31

페더 스티치
P. 33

파트 03

작 품

첫 번째.
핀쿠션
P 38

두 번째.
토끼 파우치
P 52

세 번째.
손거울
P 62

네 번째.
냅킨
P 82

다섯 번째.
샤셰
P 92

여섯 번째.
꽃액자
P 116

여섯 번째 중
푸른꽃 액자
P 118

여섯 번째 중
분홍꽃 액자
P 120

여섯 번째 중
데이지꽃
P 122

여섯 번째 중
입체꽃 캐스트
P 124

여섯 번째 중
스파트필름 꽃
P 132

여섯 번째 중
꽃다발 액자
P 134

파트 01

자수 기본 재료

자수 기본 재료

1. 패브릭
2. 수틀 & 수틀 액자
3. 패브릭 수성펜
4. 도트펜
5. 자수실
6. 자수바늘
7. 쪽가위&가위

— 자수실
기본적으로 사용하는 자수실은 면사로 본책에서는 dmc25번 면사를 사용하였습니다. 이외에도 울사/5번사/베리에이션사 등을 같이 사용하면 다양한 질감으로 수를 표현할 수 있습니다.

— 수틀 & 수틀 액자
나무 수틀은 8센티부터 10센티 12센티 15센티 그리고 대형 수틀까지 다양한 종류가 있습니다. 수를 놓을 땐 한손에 쏙 잡히는 10센티 정도가 적당하며, 수틀 액자는 수를 다 놓은 후 위에 달려있는 고리로 벽에 고정하여 액자처럼 장식합니다.

— 패브릭
린넨, 광목 등의 면 패브릭을 사용합니다. 너무 두꺼운 옥스퍼드나, 얇은 거즈천 등은 바늘이 통과하기 어렵거나, 혹은 반대로 실의 매듭이 너무 쉽게 통하여 초보자가 수놓기에는 어려울 수 있습니다.

— 자수용 바늘 & 쪽가위
다양한 호수가 세트로 있는 자수용 바늘. 숫자가 클수록 바늘귀가 얇고, 숫자가 작을수록 바늘귀가 커서 실의 가닥 수에 맞추어 바늘을 선택합니다.
예) 3호 – 자수실 5~6가닥, 7호 – 자수실 2~3가닥

파트 02

✽

기본 스티치

본 첫장에서는 프랑스 자수를 할 때
많이 쓰이는 기법을 모아 설명해 놓았습니다.
실의 가닥 수나, 바늘 호수 등에 따라
다양하게 활용되는 기본 스티치 기법들을 익혀봅니다.

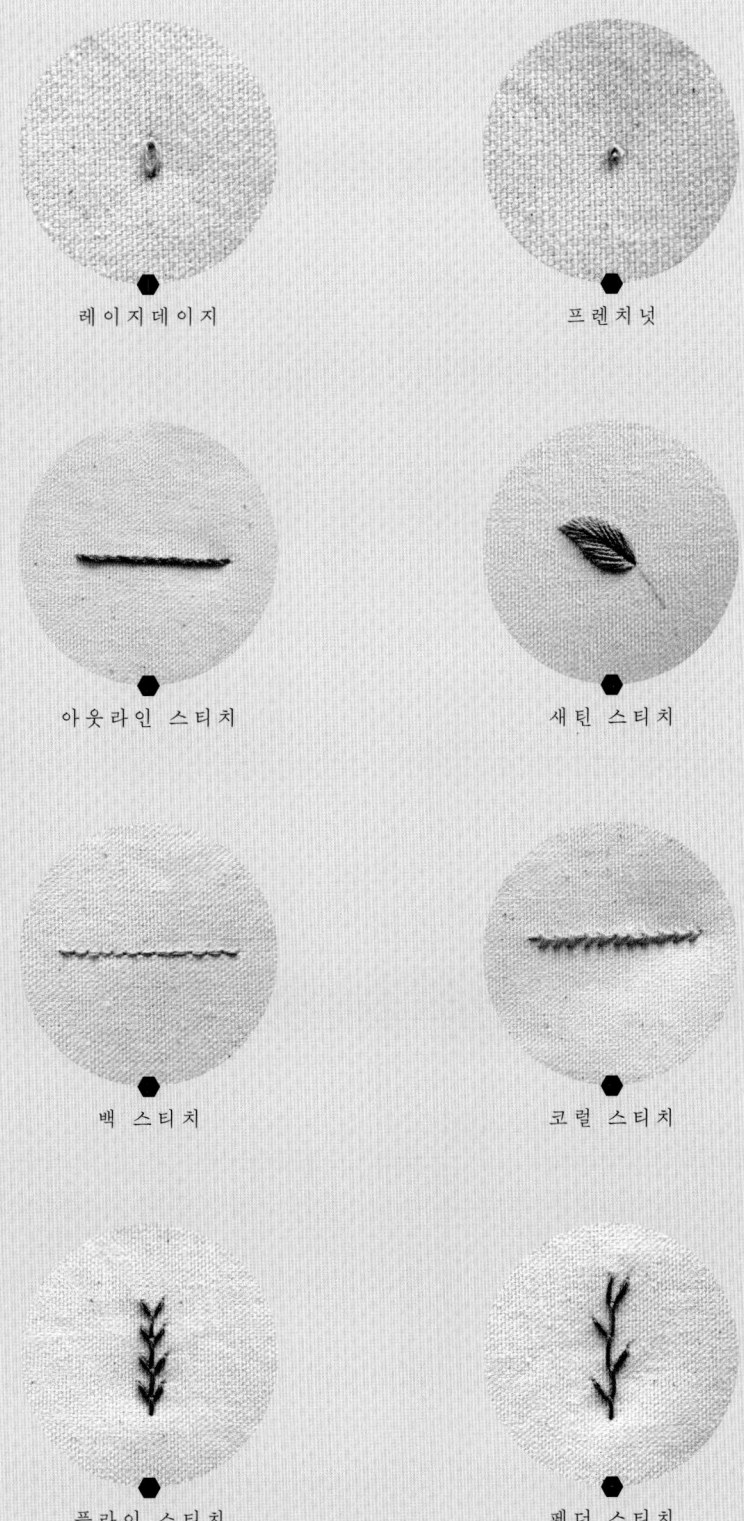

1 레이지데이지 스티치

잎사귀나 꽃 등 여러 가지 방식으로 활용되는 레이지데이지 스티치는 실의 가닥 수 혹은 바늘의 호수, 스티치의 길이, 손힘의 강약에 따라 다양하게 쓰여집니다.
마무리의 위치에 따라 둥근 꽃잎이 되기도 하고, 뾰족한 잎사귀가 만들어지기도 하고, 실의 가닥 수로 조금 더 입체적이고 통통하게 혹은 가녀린 수가 되기도 합니다.
기본 레이지데이지 기법을 익혀 다양하게 활용해보았으면 합니다.

① 만들고자 하는 타원의 아래쪽에서 바늘을 통과해 시작합니다.

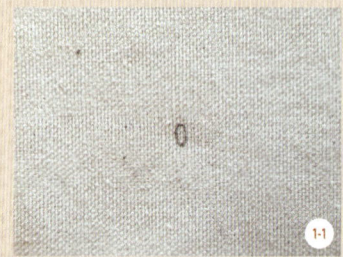 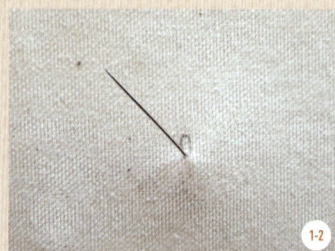 

② 실이 나온 자리에 다시 바늘을 넣어 타원의 꼭지부분까지 떠서 걸쳐둡니다.
③ 패브릭에 붙어있는 실을 바늘 위쪽으로 돌려 감싼 후 바늘을 위로 뽑아 줍니다.
이때 바늘을 너무 당겨 원이 뾰족해지지 않도록 손의 힘을 잘 조절해줍니다

  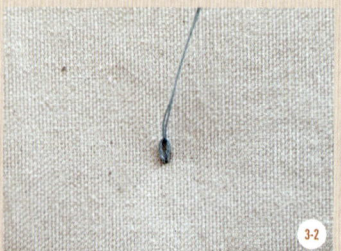

원의 위쪽 실의 바깥쪽에 바늘을 넣어 패브릭에 고정하며, 하나의 스티치를 완성합니다.

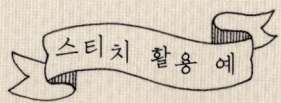

스티치 활용 예

② 프렌치넛

프랑스 매듭이라는 의미의 프렌치넛은 실을 바늘에 감싸서
수놓는 방식으로 동글동글 작은 매듭을 만드는 스티치입니다.
프렌치넛을 만들 때는 바늘에 두 번 정도만 돌려넣어,
패브릭에 어느 정도 밀착되도록 만들어야 모양이 바르게 잡힙니다.
가닥 수에 따라 귀엽게 혹은 풍성하게 표현할 수 있는데,
바늘에 여러 번 감싸서 수놓게 되면 완성되는 모양이 망가질 수 있으므로,
통통하게 표현하고자 할 때는 감싸는 횟수가 아닌, 실의 가닥 수를 늘려 만드는게 좋습니다.

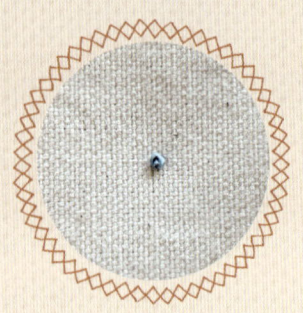

● 만들고자 하는 점에서 바늘을 통과해 시작합니다.

● 실의 위쪽에 바늘을 올려두고, 실을 두 번 바늘에 감싸 줍니다.

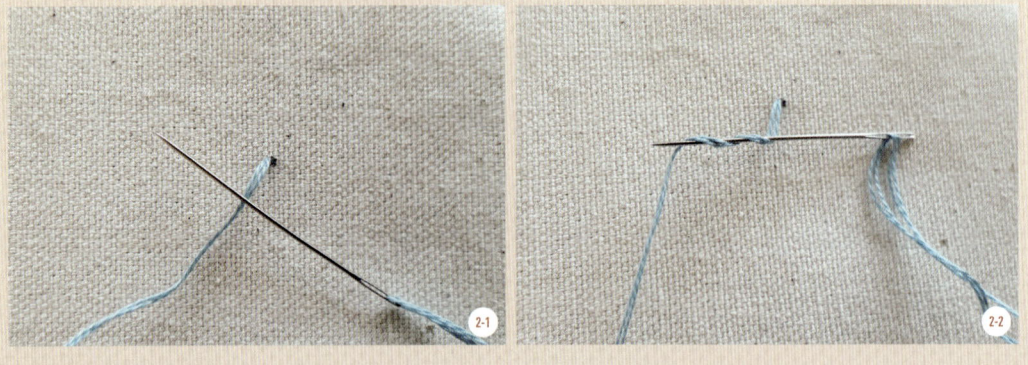

⬢ 바늘을 다시 실이 나온 자리에 꼽고 , 뒤로 뽑기 전 돌려진 실을 당겨 매듭은 패브릭에 밀착시켜줍니다.
바르게 잡힌 매듭의 모양을 확인하고 그대로 바늘을 뒤로 통과합니다.

3-1 과정에서 바늘을 뒤로 통과할 때 꼭 바늘에 감싸여진 실을 팽팽하게 당겨 끝까지 매듭이 흐트러지지 않게 합니다.

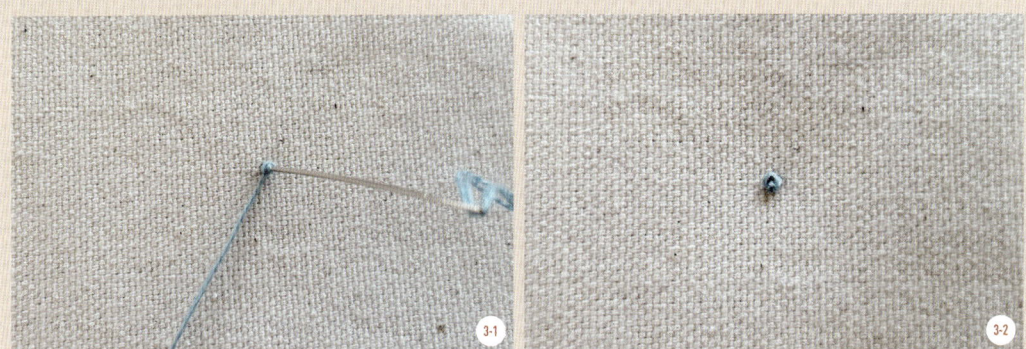

③ 아웃라인 스티치 *outline stitch*

자수에서 기본이 되는 스티치 중 아웃라인 스티치는 활용도가 아주 높아
선을 만들거나, 면을 채울 때도 사용됩니다.

본 책에서도 아웃라인은 가장 많이 사용되는 기법으로,
바늘땀의 간격 조절로 선과 면을 날카롭게 만들거나, 뭉툭하게 만들 수도 있는
활용도 높은 스티치입니다.

● 첫점에서 바늘을 통과해 0.3센티 정도의 간격으로 한 땀을 만들어 줍니다.
❷ 바늘 끝을 실이 나온 점에 맞추어 빼내면서 작은 선을 만들어 줍니다.

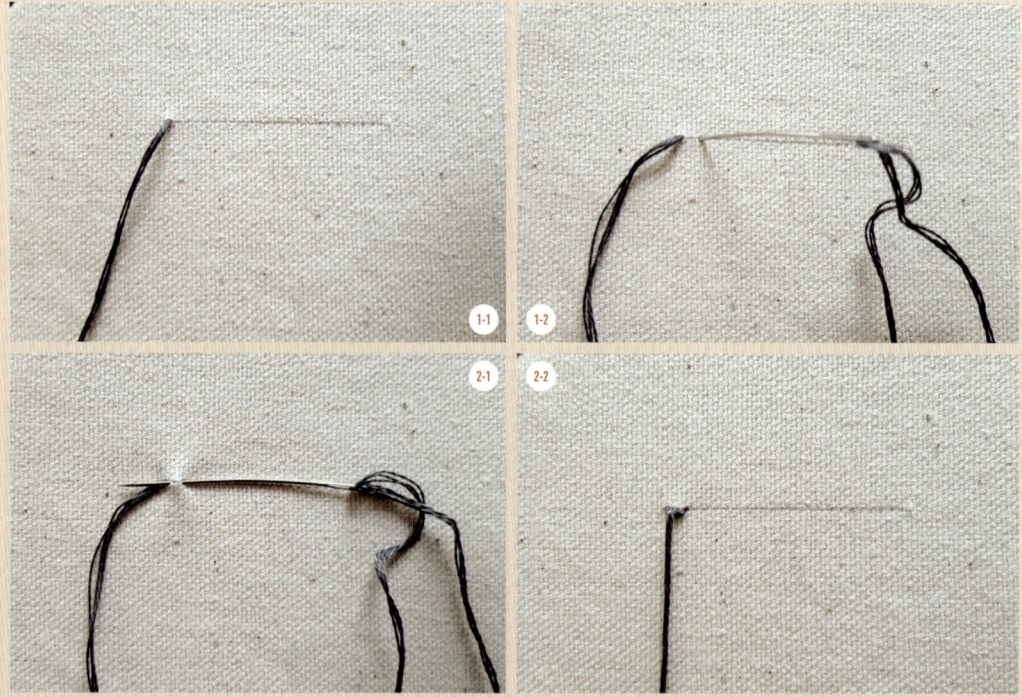

⬢ 두 번째 땀도, 만들어진 선에서 0.3센티 정도 간격으로 떠서 작은 선들을 연결해갑니다.
이때 , 패브릭에 붙어있는 실은 아래 혹은 위로, 라인이 끝날 때까지는 한 방향만을 향하도록 합니다.

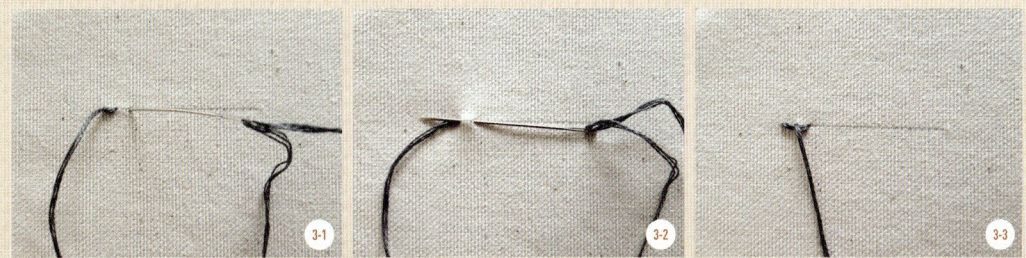

⬢ 끝점에 맞추어 바늘을 뒤로 넣어 하나의 선을 마무리 합니다.
땀과 땀 사이는 0.3센티-0.5센티 사이를 유지하면서 수를 이어가야 꼼꼼하게 채워집니다.

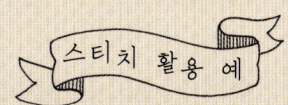

④ 새틴 스티치 *satin stitch*

면을 채울 때 사용하게 되는 새틴 스티치는 스트레이트로 면을 채워가기에,
실이 늘어지지 않도록 적당한 사이즈의 도안에서 선택하는 것이 좋겠습니다.
첫점과 마지막 점을 바르게 잡아야 고운 스티치가 나오므로
집중이 필요한 기법이기도 합니다. 수놓는 방법이나 실의 바른 사용에 따라,
입체감 있거나, 광택이 나도록 표현되기도 합니다.

① 잎사귀 형태에서의 새틴은 꼭대기에서 바늘을 통과해 시작합니다.

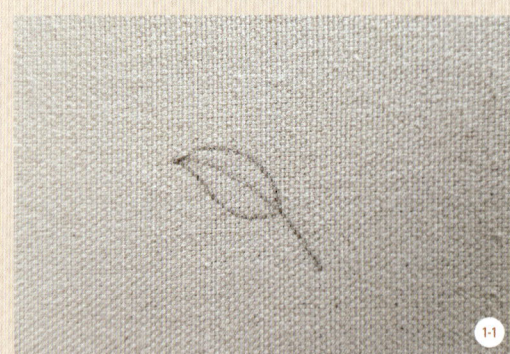

② 중심이 될 선을 만들어주고, 선을 기준으로 한쪽 면씩 채워나갑니다.
스트레이트 선으로 면을 채워가야 하기에, 선과 선 사이를 밀착하여 땀을 이어갑니다.

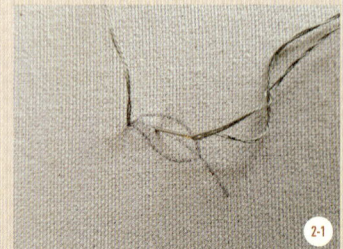

③ 잎사귀에서 실의 방향은 최대한 사선을 만들며 면을 채워나가야 잎 모양이 됩니다.
실을 통과하기전 3-1 과 같은 방법으로 미리 실로 방향을 가늠해본 뒤 만들어주는 것도 좋겠습니다.

④ 먼저 한쪽 면을 같은 방법으로 채워줍니다.

⑤ 잎사귀의 결이 대각선 방향이 되도록 반대쪽 면도 같은 방법으로 채워줍니다.

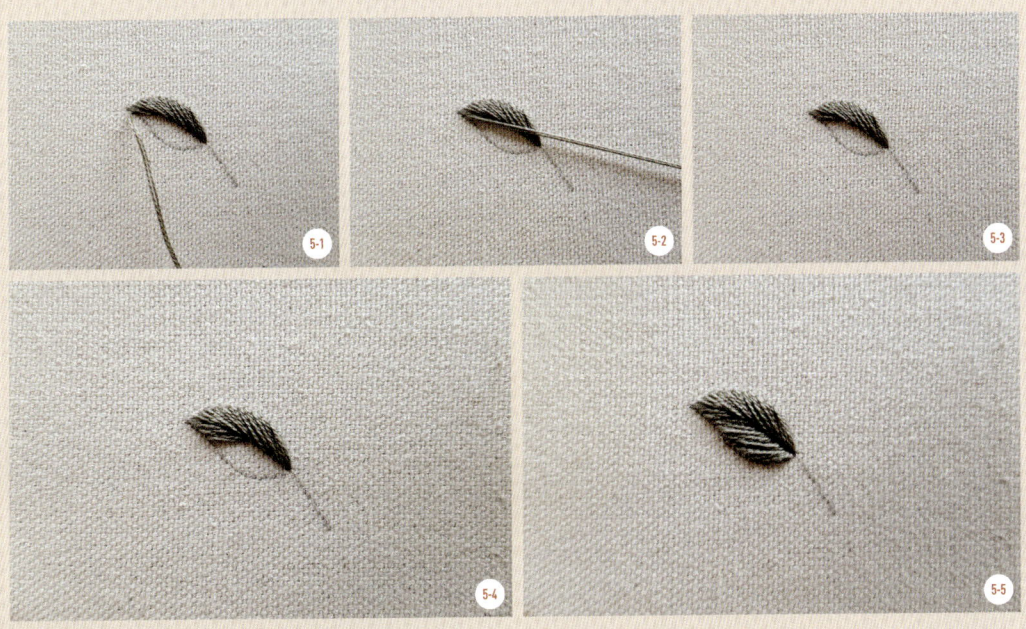

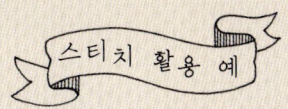

5 백 스티치 *back stitch*

라인을 만들 때 쓰이는 스티치로, 간격을 유지하며
일정한 길이의 땀으로 만들어 주어야 바른 스티치가 만들어집니다.
굴곡이 많은 선들을 표현할 때 유용합니다.

① 시작 점보다 한 땀(0.3-0.5)을 먼저 시작합니다.
② 사진과 같이 첫 시작 점을 기준으로 뒤로 한 땀. 앞으로 다시 한 땀을 떠서 바늘을 통과합니다.

③ 계속 같은 방법으로 떠서 작은 선들을 연결해갑니다.

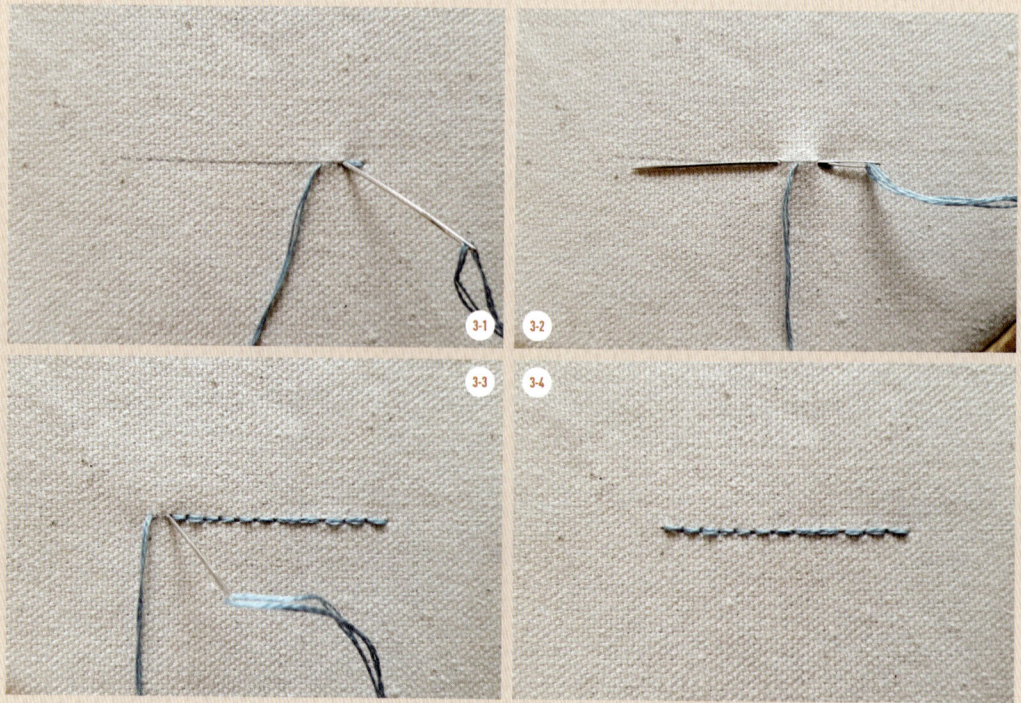

6 코럴 *coral stitch*

코럴 스티치 역시 라인을 만들거나 면을 채울 때 사용하며,
다른 스티치들과 접목해 매듭을 지을 때도 사용합니다.
코럴 스티치를 수놓을 땐 하나의 매듭을 만들 때마다
손으로 실을 정리해 선의 중앙에 매듭부분이 위치하도록 매무새를 만져주면
바른 스티치를 만들 수 있습니다.

● 시작 점에서 바늘을 뽑아, 다시 선을 중심으로 아래에서 위로 바늘을 떠서 걸쳐둡니다.

● 시작 점의 실을 바늘 앞에서 뒤로 돌려감싼 후, 바늘을 위로 뽑아 줍니다.
이때 만들어진 매듭을 손으로 다듬어 중앙에 위치하게 합니다.

3 반복해서 원하는 길이까지 매듭을 이어가며, 마지막 선에 맞추어 바늘을 뒤에 넣어 마무리합니다.

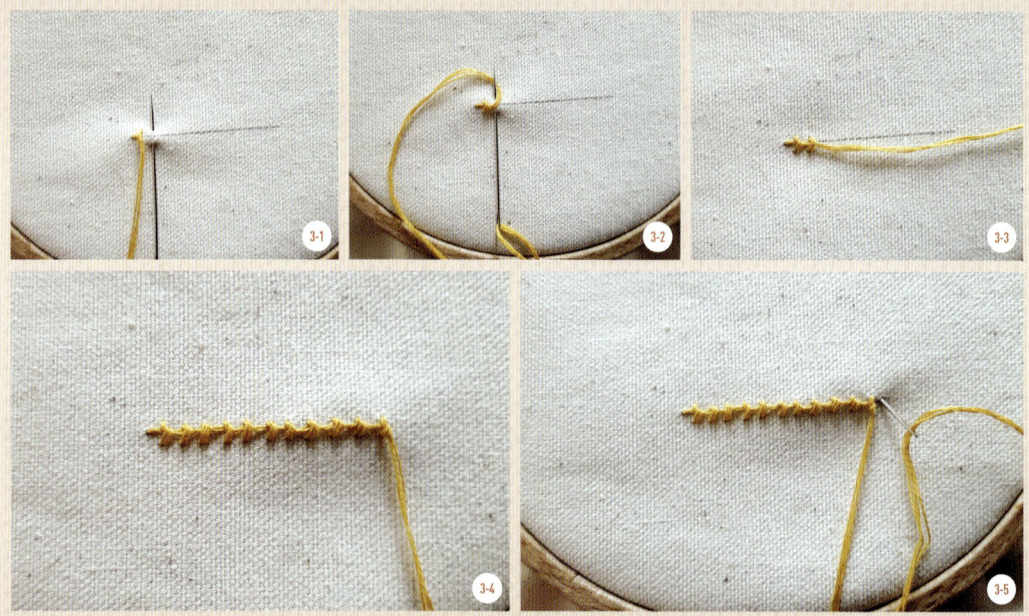

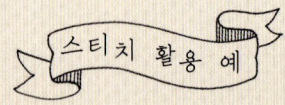

스티치 활용 예

7 플라이 스티치 *fly stitch*

V자 형태를 연결해 만드는 스티치로
나뭇가지를 표현하거나, 잎사귀의 면을 채울 때도 사용할 수 있습니다.

① V의 한쪽 끝에서 바늘을 통과해 시작합니다.

② V의 반대쪽 끝에서 V꼭지점으로 바늘을 걸쳐두고, 패브릭에 남아있는 실을 바늘 아래쪽으로 걸어준 후 바늘끝 쪽으로 뽑아주어 V의 모양이 나오도록 합니다.

이때 바늘을 아래쪽 (V의 끝쪽)으로만 향하게 하여 뾰족한 모서리가 그대로 유지되도록 합니다.

③ 도안대로 중심 라인에서 다시 다음 칸 V의 한쪽 끝으로 바늘 끝을 통과해 V를 만들어갈 준비를 합니다.

4 [❶, ❷, ❸번]의 과정을 반복해, V 혹은 Y의 모양을 연결해 나갑니다.

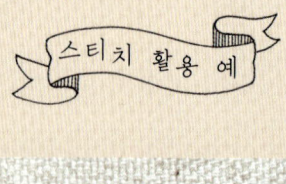

스티치 활용 예

페더 스티치 *feather stitch*

깃털이라는 의미로 feather가 이름붙여진 페더 스티치는
싱글페더와 더블페더 스티치로 나뉩니다.
한쪽 방향으로만 향하는 가지는 싱글페더로, 왼쪽과 오른쪽을 번갈아가며
만들어지는 V자 모양의 가지는 더블페더로 표현할 수 있습니다.
플라이 스티치와 언뜻보면 모양이 비슷할 수 있으나,
페더 스티치는 조금 더 부드러운 곡선 형태의 V자 모양이 만들어집니다.

- 페더 스티치도 플라이 스티치와 똑같이 V의 한쪽 끝에서 바늘을 통과해 시작합니다.
- V의 반대쪽 끝에서 V꼭지점으로 바늘을 걸쳐두고, 패브릭에 남아있는 실을 바늘 아래쪽으로 걸어준 후 바늘끝 쪽으로 뽑아 주어 V의 모양이 나오도록 합니다.

이때 바늘을 아래쪽 (V의 끝쪽)으로만 향하게 하여 뾰족한 모서리가 그대로 유지되도록 합니다.

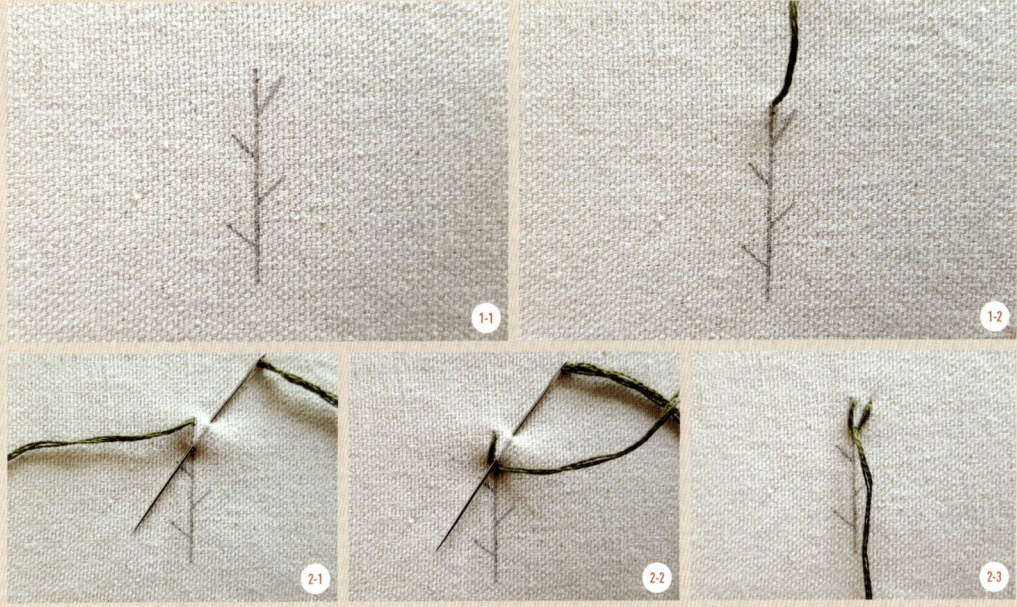

페더 스티치는 V를 계속 연결해 나가는 방식으로 도안대로 바로 연결된, 다음 V의 반대쪽 가지 끝에서 중심으로 다시 바늘을 통과해줍니다.
왼쪽 오른쪽을 번갈아가며, V의 모양을 만들어 줍니다.

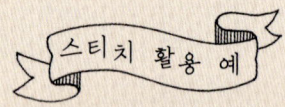

스티치 활용 예

파 트
03

작 품

첫 번째

핀쿠션

다양한 스티치들이 모여 만들어진 핀쿠션
자주 사용하는 기본의 평면 스티치들.
꽃잎 한 장 한 장에 다른 스타일로 담아봅니다
꽃으로 피어난 고운 바늘꽂이라면 매일의 자수가 더 행복하겠죠

/ 도안 /

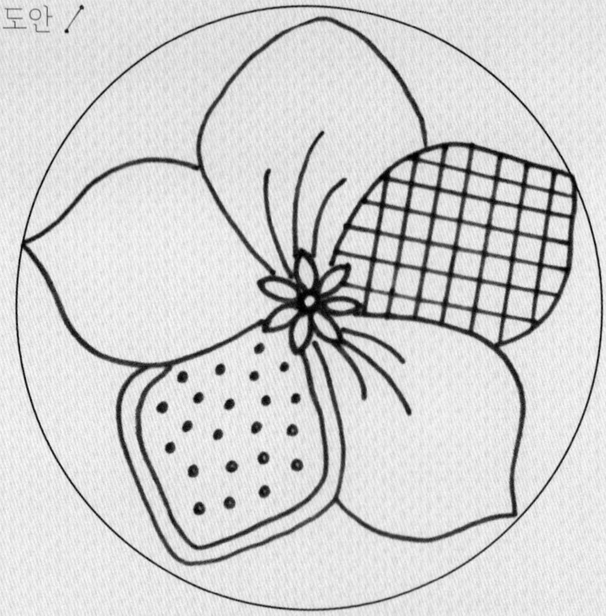

8cm × 8cm

사이드

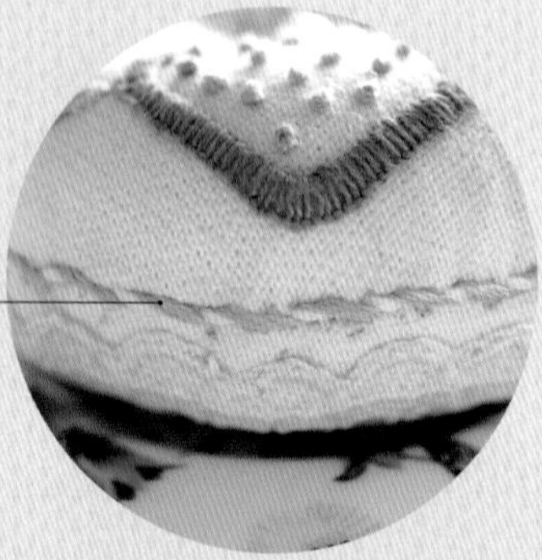

휘프트러닝
blanc ❻ 3752 ❻

전면

체인 928 ❹

아웃라인 341 ❷

레이지데이지 3770 ❻

백스티치 160 ❷
블랭킷 160 ❷

프렌치넛 3752 ❸

아웃라인 blanc ❷

크로스 스티치 3752 ❹
백스티치 341 ❷

카우칭 E677 ❹
Blanc ❹

아웃라인 E677 ❷

롱앤숏 3752 ❷
928 ❷
Blanc ❷

① 백 스티치 + 블랭킷 스티치

- 바늘 7호-8호
- Dmc 자수실 : 160 ❷

① 블랭킷 스티치로 면을 채우기 전, 안쪽 라인은 백 스티치로 라인을 만들어 줍니다.

② 백 스티치 라인의 반대 라인에서 바늘을 통과해 블랭킷 스티치를 시작합니다.
백 스티치 바깥쪽으로 감싸며 가로로 바늘을 떠줍니다. 이때 남은 실은 바늘 아래쪽에 두어 바늘을 통과했을 때 ㄴ자 형태로 실이 걸리도록 합니다.

③ 면을 채워가야 하기에, 다음 라인도 , 첫 번째 만들어진 선과 가까이 붙여 반복해 가로 라인을 만들어 갑니다.

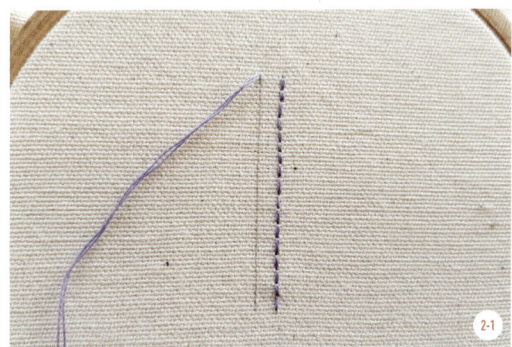
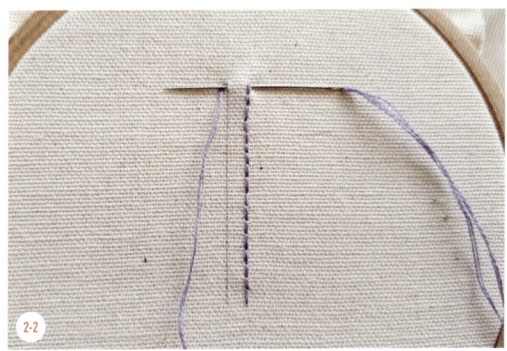

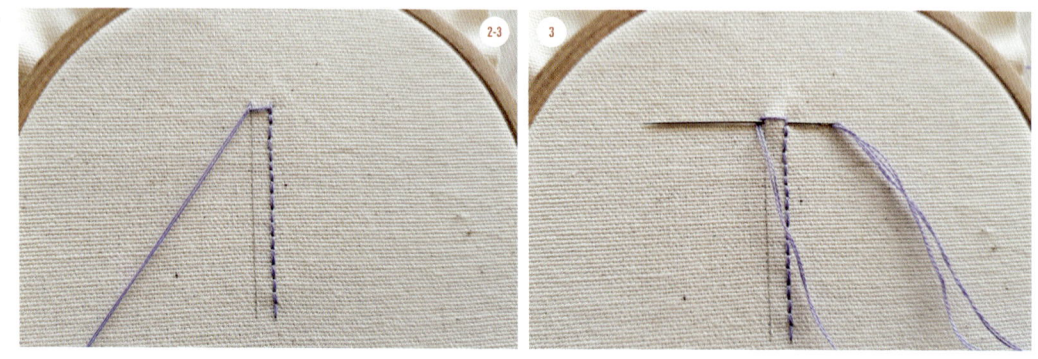

④ 아래쪽까지 블랭킷 스티치로 면을 채워줍니다.
마무리 하거나, 실을 바꿔서 이어갈 땐 ㄴ 의 모서리 부분에 바늘을 넣어줍니다.

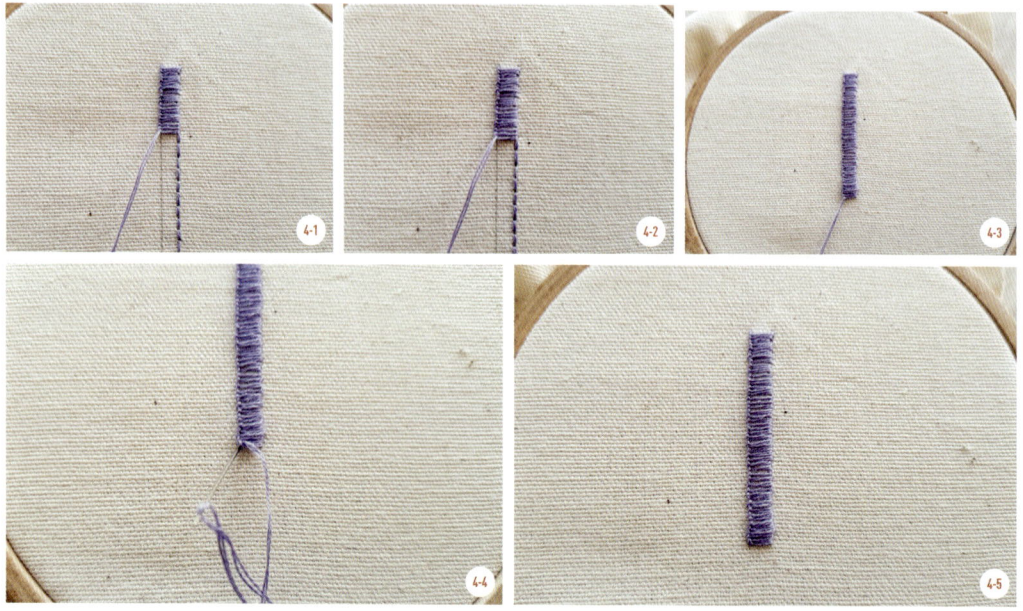

② 카우칭 스티치

- 바늘 3호
- Dmc 자수실 : E677 ❹ Blanc ❹

① 카우칭 스티치를 수놓기 전, 땀의 간격을 일정하게 하고자, 0.5정도 간격으로 마디를 미리 표시해 주어도 좋습니다.

② 시작점에서 먼저 e677❹ 실을 통과시킵니다,
그 다음 마디에 blanc(4) 실을 통과해 카우칭 스티치를 시작합니다.

③ Blanc으로 e677을 감싸 다음 마디에 바늘을 넣어줍니다.
E677 실은 그대로 둔 채, 다시 blanc을 마디마디 통과하며 라인을 만들어갑니다.

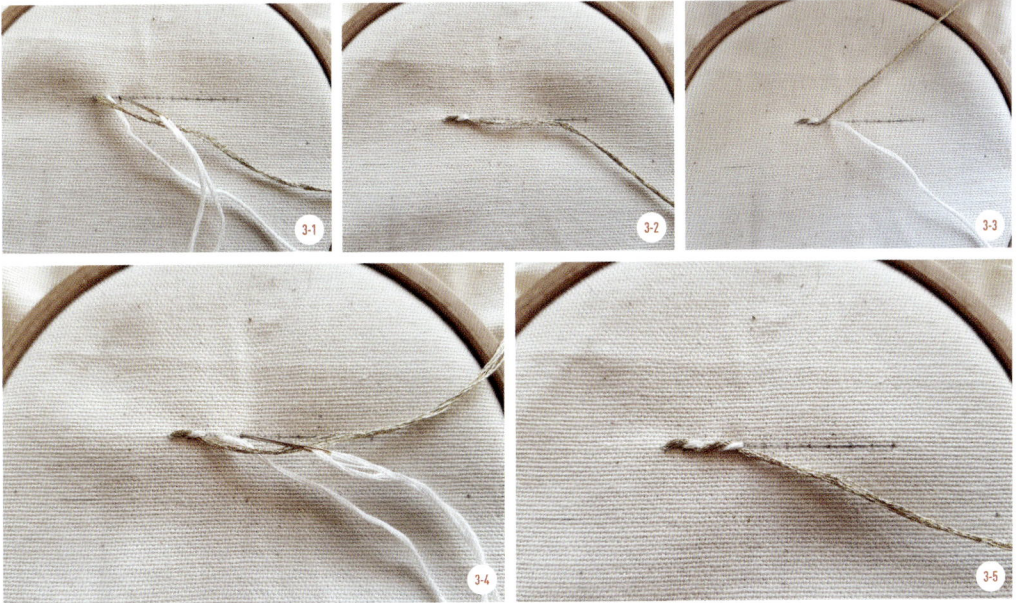

43 ❋ 핀쿠션

④ 마지막 마디 전에 blanc을 뒤로 넣어 마무리를 지어주고,
마지막 끝점에 e677 실을 넣어 카우칭 스티치를 마무리합니다.

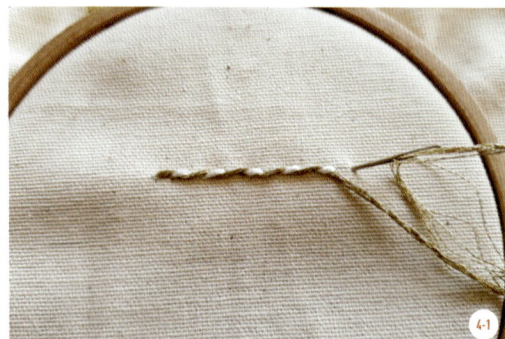

③ 체인 스티치

- 바늘 6호
- Dmc 자수실 : 928 ❹

❶ 바늘을 통과해 나온 지점에 다시 바늘을 넣어 한 땀 0.3 정도를 떠줍니다.
❷ 남은 실을 바늘 위쪽으로 돌려 고리를 만들고, 바늘은 위로 뽑아줍니다.

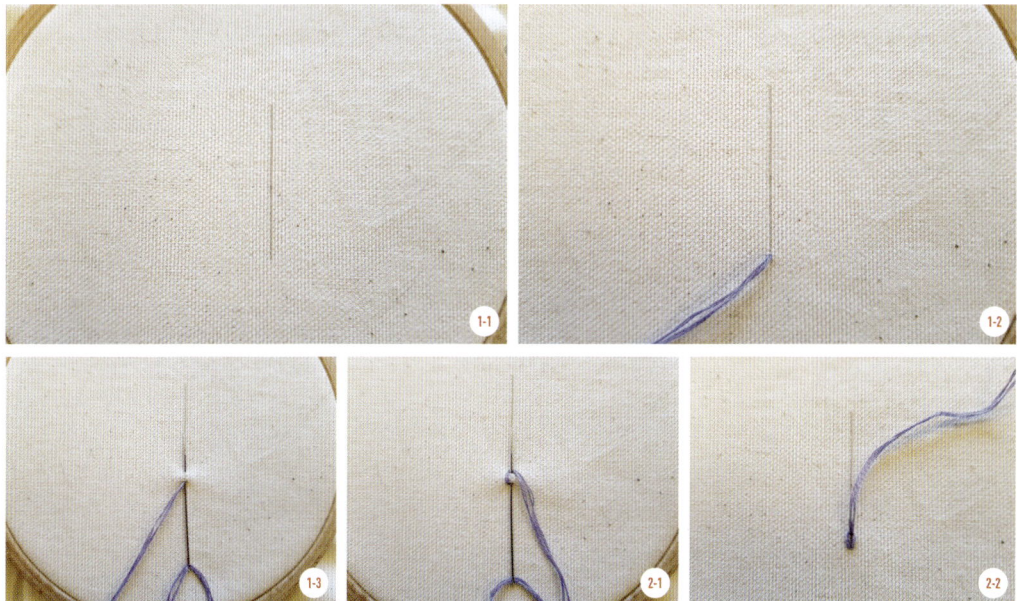

③ 고리 안쪽, 실이 나온 곳에 다시 바늘을 넣고 다시 0.3정도로 한 땀을 떠서 고리를 만들어주고, 바늘을 위로 뽑아 고리와 고리를 연결해줍니다.

④ 마무리를 하거나, 실을 바꾸어 줄 땐 고리의 위쪽(바깥쪽)에 넣어 마무리 지어줍니다.

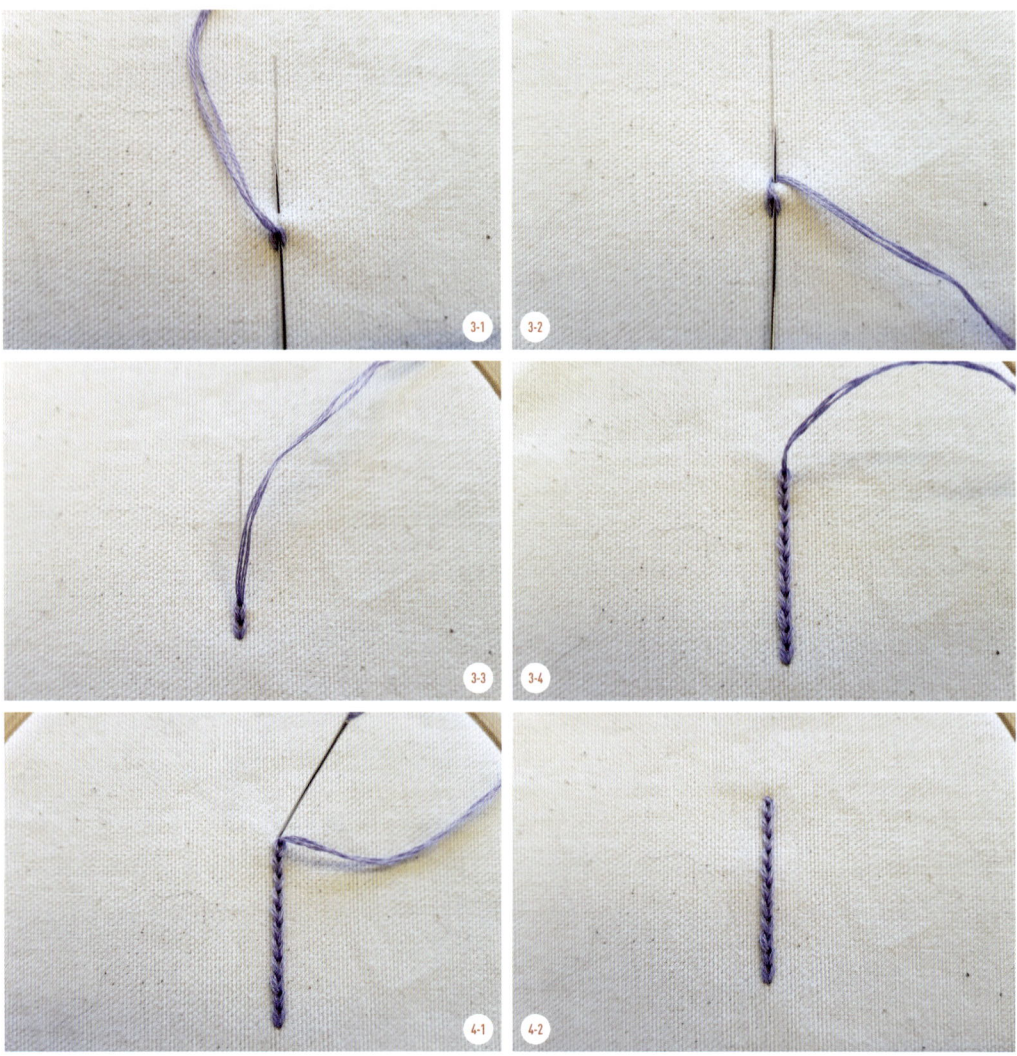

4 크로스 스티치 +백 스티치

- **바늘** 6호
- **Dmc 자수실** : 크로스 스티치 : 3752 ❹ 백 스티치 : 341 ❷

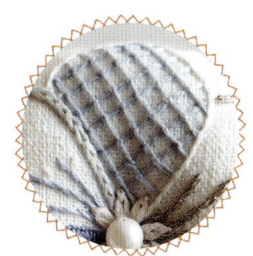

1 스트레이트로 가로선 혹은 세로선을 먼저 만든 뒤, 격자의 형태로 반대 라인도 모두 만들어 줍니다.

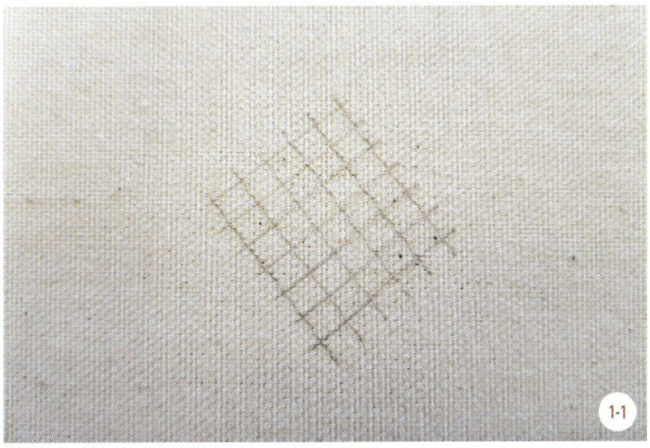
1-1

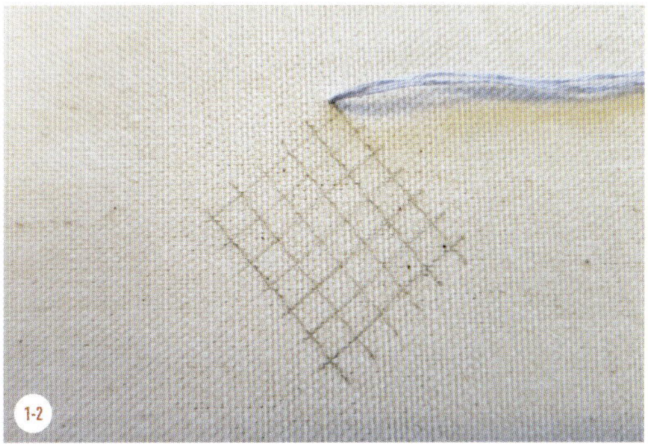
1-2

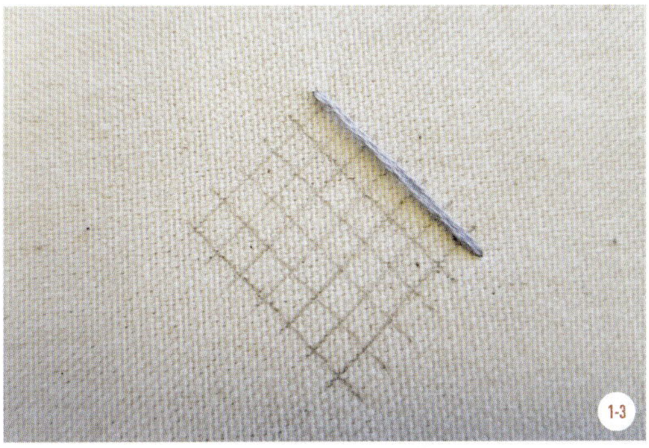
1-3

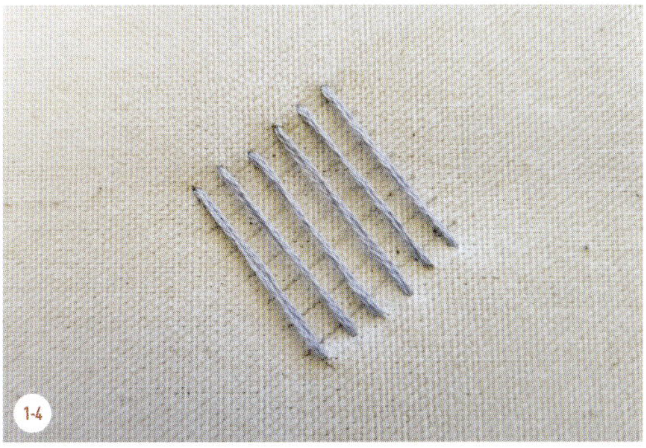
1-4

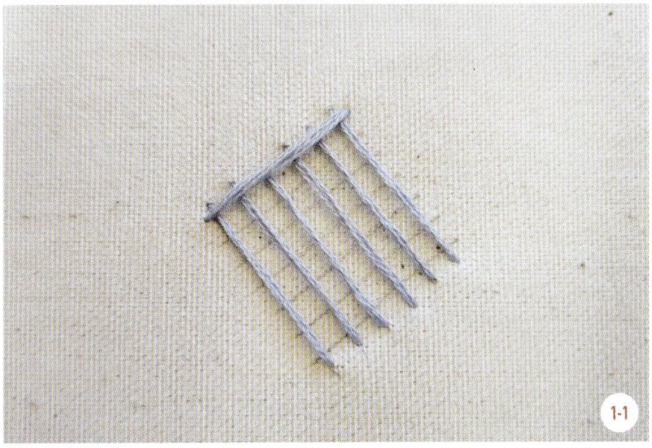
1-1

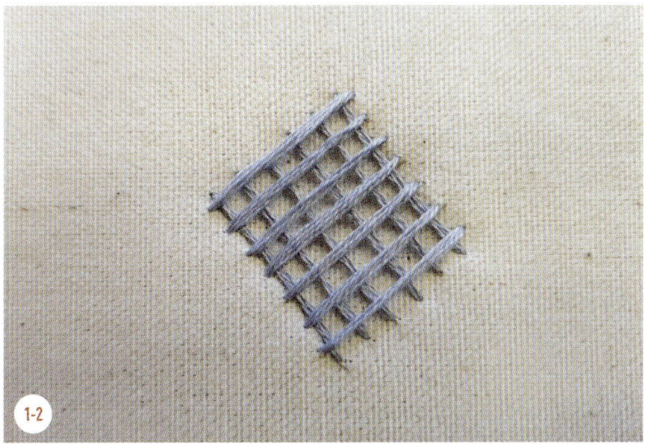
1-2

② 크로스 백 스티치 : 가로선과 세로선이 교차되는 지점에 모두 백 스티치로 짧은 땀을 놓아줍니다.

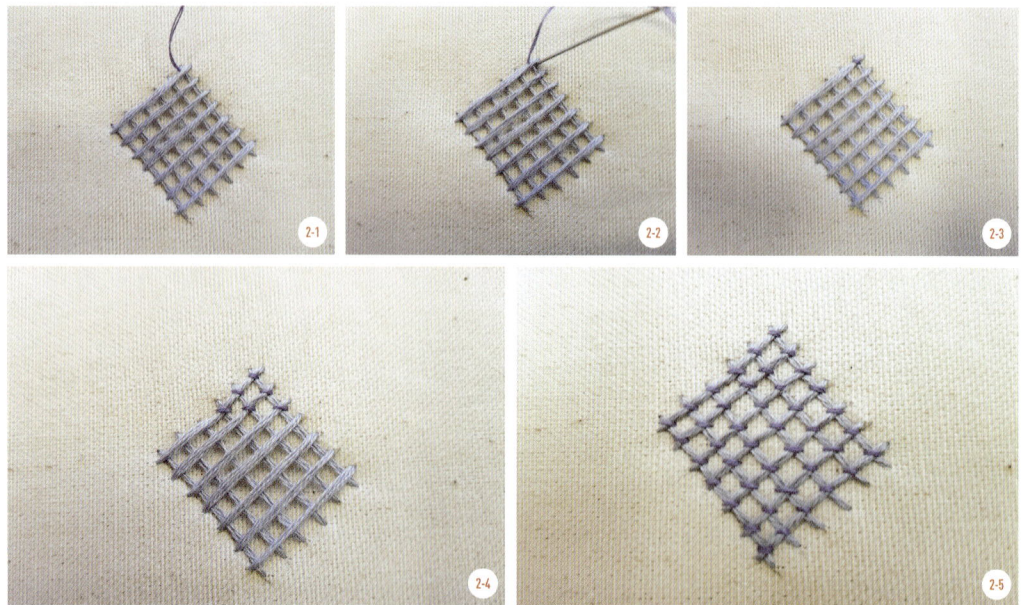

마무리

① 앞면의 스티치를 모두 완성한 후, 앞면과 뒷장의 앞면을 마주 대고 8센티의 원을 촘촘하게 백 스티치로 메워 줍니다. 이때 창구멍은 4센티 정도 남겨주세요.
② 백 스티치로 수놓아진 원. 밖으로 1센티 정도의 여유를 두고 패브릭은 모두 잘라주세요
③ 창구멍 사이로 뒤집어 줍니다.
④ 앞면에 진주를 달고 창구멍 사이로 솜을 꽉 채워주세요.
⑤ 창구멍은 공구르기로 모두 메워 줍니다.
⑥ blanc ❻의 실로 진주쪽에서 반대쪽까지 그대로 통과하며, 가운데 중심 쪽이 움푹 들어가도록 꾹욱 당겨주세요. 실로 서너 번 반복하며 매듭지어 마무리를 지어줍니다.
⑦ 핀쿠션의 사이드(옆구리)는 휘프트러닝으로 수놓아줍니다.

핀쿠션

50 ❋ 프랑스 자수 소품집

51 ✤ 핀쿠션

두 번째

토끼파우치

롱앤숏 스티치만으로 만들어진 토끼 자수.
이번 장에선 롱앤숏 스티치가 채워지는 과정을 중점으로 담았습니다.
면을 채우거나, 색의 변화를 줄 때도 자연스럽게 만들어지는
롱앤숏 스티치만 잘 익힌다면 다양하게 응용하여,
도안을 표현할 수 있습니다.

Lesson 1 롱앤숏 스티치

레이지데이지 blanc ❻
프렌치넛 728 ❷

아웃라인 435 ❷

레이지데이지 blanc ❻

아웃라인 647 ❷
새틴 646 ❷

아웃라인 435 ❷
롱앤숏 436 ❷

프렌치넛 blanc ❻

롱앤숏 437 ❷
롱앤숏 436 ❷
롱앤숏 3770 ❷

아웃라인 435 ❷
롱앤숏 729 ❷

새틴 3770 ❷
롱앤숏 437 ❷

옷: 롱앤숏 932 ❷
소매경계라인: 아웃라인 799 ❷

- **바늘** 7호~8호
- **실번호**
  얼굴/몸/다리 등 : 437 ❷ / 436 ❷ / 435 ❷ / 729 ❷   눈/코 : 310 ❷ / 3770 ❷   옷 : 932 ❷ / 799 ❷   꽃 : blanc ❸ 744 ❷ 435 ❷ 646 ❷ 647 ❷

/ 도안 /

Size: 5.8cm x 4.5cm

- **바늘** 7호~8호
- **실번호**
  얼굴/몸/다리 등 : 437 ❷ / 436 ❷ / 435 ❷ / 729 ❷   눈/코 : 310 ❷ / 3770 ❷   옷 : 932 ❷ / 799 ❷   꽃 : blanc ❸ 744 ❷ 435 ❷ 646 ❷ 647 ❷

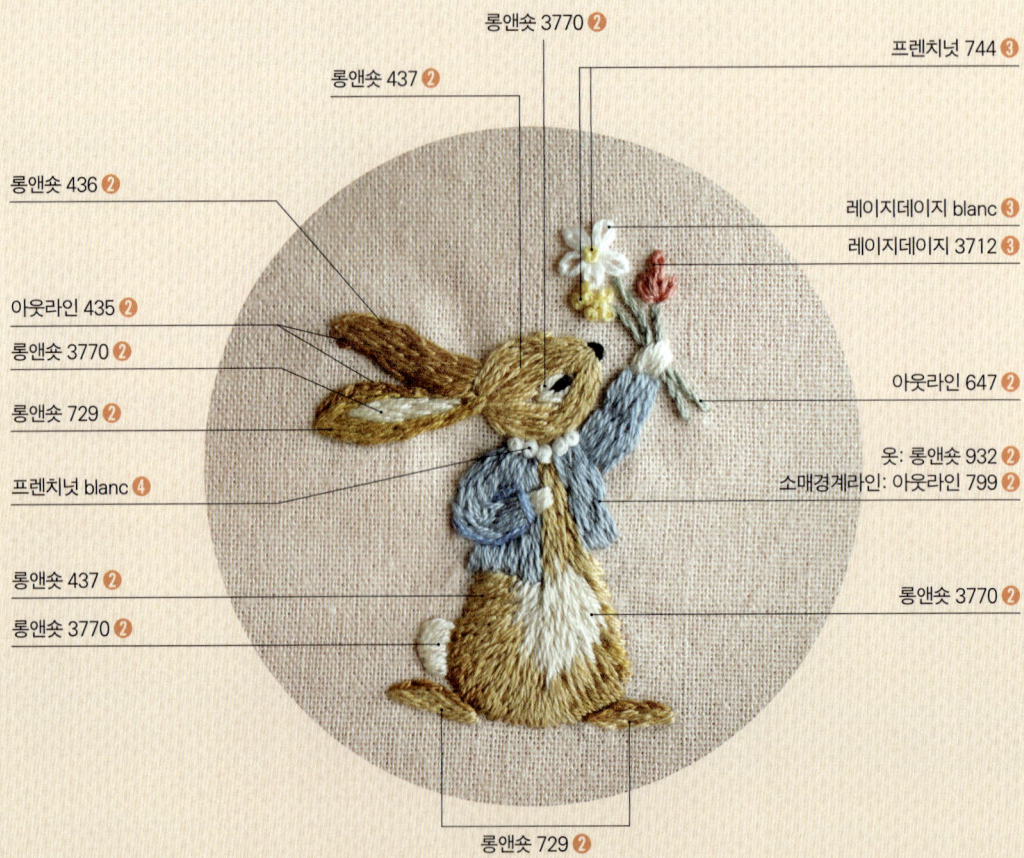

롱앤숏 3770 ❷

프렌치넛 744 ❸

롱앤숏 437 ❷

레이지데이지 blanc ❸

롱앤숏 436 ❷

레이지데이지 3712 ❸

아웃라인 435 ❷

롱앤숏 3770 ❷

롱앤숏 729 ❷

아웃라인 647 ❷

옷 : 롱앤숏 932 ❷
소매경계라인 : 아웃라인 799 ❷

프렌치넛 blanc ❹

롱앤숏 437 ❷

롱앤숏 3770 ❷

롱앤숏 3770 ❷

롱앤숏 729 ❷

/ 도안 /

Size: 4.8cm x 5.7cm

① 코에서 시작해 면을 채워나갑니다.
롱앤숏에서는 실로 만들어지는 결과의 방향이 중요하기에, 1-1 과 같이 미리 큰 방향들을 정해두고 채워가는 것이 수놓기 수월할 수 있습니다.

② 코쪽에서 채워지는 선들은 귀 방향으로 향하도록, 길고 짧은 땀으로 이어가며 면을 채워갑니다.
눈이 만들어진 부분은 빈자리로 남겨둡니다.

③ 얼굴 부분이 롱앤숏으로 채워졌으면, 남겨둔 코와 눈을 만들어줍니다.
짧은 스트레이트로 모양을 봐가며, 눈과 코에 포인트를 줍니다.
: 눈옆 주변은 3770 ❷으로 명암을 주면 좀 더 또렷한 눈망울을 만들 수 있습니다.

나머지 귀 부분도 사진과 같이 실의 방향과 결을 고려하며 롱앤숏으로 채워가고, 색을 바꾸어 명암도 줍니다.
본 파트의 토끼 롱앤숏에선 실의 가닥 수는 모두 2가닥을 사용합니다.
2가닥을 사용할 땐, 꼬임이 있는 실을 나란히 펴주면서 수를 놓으면 좀 더 매끈한 결을 표현할 수 있습니다.

토끼의 옷도 같은 롱앤숏으로, 그리고 나머지 다리 부분도 채워주고 완성합니다.

60 ✤ 프랑스 자수 소품집

61 ※ 토끼파우치

세 번째
손거울

통앤숏, 새틴, 바스켓필링 등
다양한 스티치로 꽃을 표현하며,
손거울 소품을 만들며,
자수의 매력을 느껴보세요.

Lesson 1 롱앤숏 스티치 + 스트레이트 스티치

/ 도안 /

Size: 4cm × 5.5cm

① 롱앤숏 스티치 *long and short stitch*

- 바늘 7호~8호
- 실번호 Dmc자수실 : 744 ❷ / 725 ❷ / 783 ❷

① 팬지꽃 롱앤숏은 하나의 꽃잎씩 채워나갑니다.
실의 방향이 중앙을 향하도록, 시작할 때 미리 서너 개의 기준선을 만들어두고 시작하면 좀 더 바르게 면을 채워 갈수 있습니다.

② 기준선들 사이로 길고 짧은 선을 반복하며 면적을 채워나갑니다.
두 가닥의 실이 나란히 되도록 곧게 펴주며 채워가면 좀 더 단정한 수가 놓아집니다.

③ 꽃잎 안쪽은 색을 바꾸어 같은 롱앤숏으로 채워줍니다.
안쪽 면적을 채울 때는 실과 실 사이로 바늘을 통과해 자연스럽게 진한색 선들이 묻혀가도록 이어줍니다.

② 스트레이트 스티치 *straight stitch*

• 바늘 5호
• 실번호 Dmc자수실 : 413 ④

꽃잎의 면을 모두 채운 후, 스트레이트 스티치로 포인트를 주어 무늬를 표현합니다.
중앙 쪽에서 시작해 원하는 길이만큼을 한번에 만들어줍니다.

Lesson 2 새틴

- 바늘 7호~8호
- 실번호 Dmc자수실 : 3849 ❷

- 새틴 3849 ❷
- 프렌치넛 725 ❸
- 새틴 blanc ❷
- 아웃라인 스티치 blanc ❷
- 새틴 blanc ❷
- 아웃라인 646 ❷
- 아웃라인 스티치 blanc ❷

/ 도안 /

Size: 3.2cm × 5.5cm

① 사진과 같이 하나의 꽃잎 중앙에 기준선을 만들어 둡니다.

② 중앙선을 기준으로 한쪽 면을 채우고 반대쪽 면을 채우면 좀 더 바른 면을 만들수 있습니다.

순차적으로 꽃잎 하나씩 새틴으로 채워갑니다.
새틴 스티치로 면적을 채울 땐, 롱앤숏과 마찬가지로 두 가닥의 실을 나란히 펴주면서 수놓으면 매끈한 면을 만들 수 있습니다.

바스킷필링 + 손거울 마무리 하기

/ 도안 /

Size: 3.9cm × 5.7cm

73 ※ 손거울

1 바스킷 필링 *basket filling stitch*

- 바늘 3호
- 실번호 Dmc자수실 : 하얀 꽃 blanc ❻

● 아래쪽에서 시작해 도안대로 스트레이트로 직선을 만들어 시작합니다.
바스킷필링 스티치를 할 땐 기둥이 되는 선이 홀수로 나오도록 합니다.
위 손거울에선 5개의 선을 만들어 둡니다.

● 선의 아래쪽(중심쪽)에서 다시 바늘을 통과해, 만들어진 5개의 선을 하나씩 엇갈려가며 위아래로 바늘을 끼워줍니다.
하나의 라인이 채워지면, 그 다음 라인은 앞에 만들어진 것과 반대로 다시 엇갈리도록 끼워나갑니다.

② 한 라인씩 엇갈려가며, 위쪽까지 면을 채워나갑니다.
기둥선이 보이지 않을 때까지 면이 채워지면, 실이 끝나는 쪽 모서리에 바늘을 넣어 마무리 합니다.
나머지 4개의 꽃잎도 같은 방법으로 면을 채워줍니다.

② 손거울 마무리 하기

• 바늘 3호
• 실색은 상관없이 6가닥으로 사용합니다

❶ 손거울 부자재의 윗판보다 1센티 정도 넓게 선을 그려넣은 뒤, 홈질(러닝 스티치)를 합니다.
한 바퀴 돌아 시작점에서 만날 수 있도록 충분한 길이의 실을 사용합니다.

❷ 홈질한 크기보다 0.5-1센티 정도 더 넓게 잘라냅니다.

🔹 다시 손거울 부자재의 윗판을 수놓아진 뒷면에 놓고, 실을 당겨 윗판이 감싸지도록 오므려 줍니다.
🔹 들뜨는 부분 없이 감싼 후, 매듭지어 잘라내고, 마무리합니다.
완성된 윗판과 손거울을 순간접착제, 혹은 글루건으로 붙여줍니다.

78 ❋ 프랑스 자수 소품집

79 ※ 손거울

80 ✿ 프랑스 자수 소품집

81 ✽ 손거울

네 번째
냅킨

테이블 위에 냅킨 하나-
푸릇푸릇한 잎 자수만으로도, 테이블 세팅이 때로는 럭셔리하게,
때로는 컨츄리하게 매치될 수 있겠죠.
우아한 듯 소박한 듯
테이블 웨어 하나로 함께하는 식사자리가 더 즐거울 수 있기를!

새틴

같은 새틴 스티치라도, 조금 다른 포인트를 잡아주면
잎을 둥글게 표현하거나, 뾰족하게 만들 수도 있습니다.
본 장에서는 실의 결, 방향, 바늘끝의 포인트를 집중해서 보아주세요.

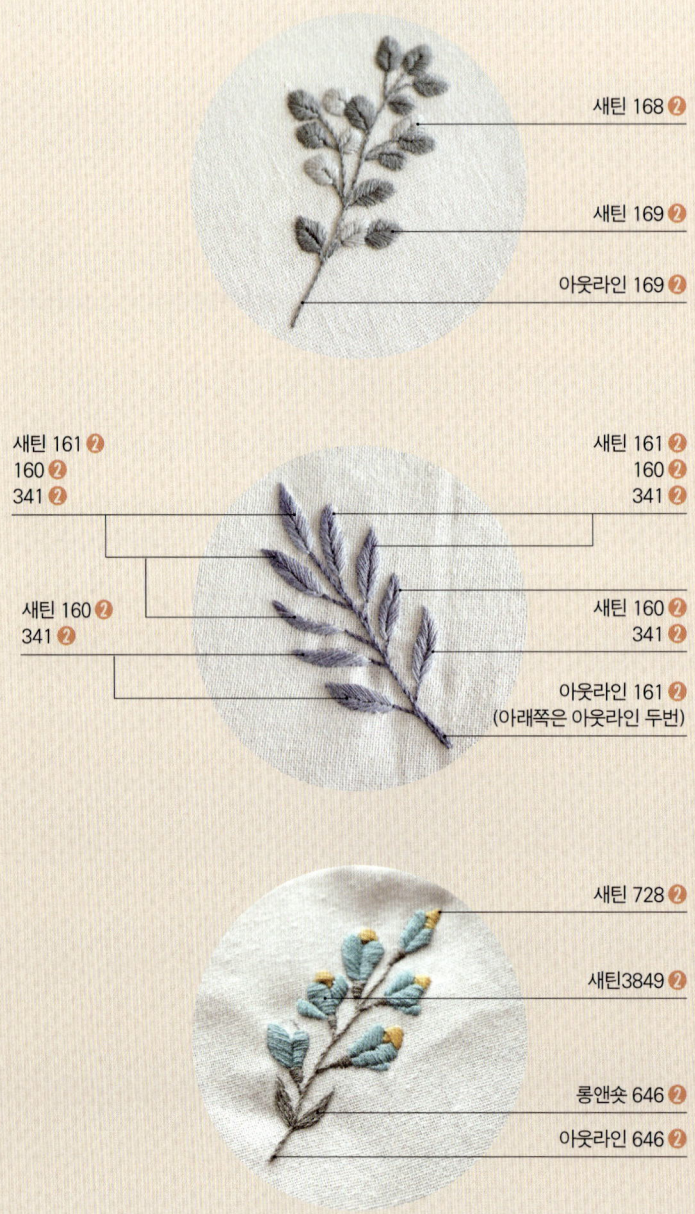

새틴 168 ❷
새틴 169 ❷
아웃라인 169 ❷

새틴 161 ❷
160 ❷
341 ❷

새틴 161 ❷
160 ❷
341 ❷

새틴 160 ❷
341 ❷

새틴 160 ❷
341 ❷

아웃라인 161 ❷
(아래쪽은 아웃라인 두번)

새틴 728 ❷
새틴 3849 ❷
롱앤숏 646 ❷
아웃라인 646 ❷

/ 도안 /

Size: 4cm × 8cm　　　　Size: 3.6cm × 8.2cm　　　　Size: 4cm × 8cm

1 새 틴 *satin stitch*

- 바늘 7호
- 실번호 169 ❷ / 168 ❷

① 잎의 결/방향을 잡기 위해 잎사귀의 중간쯤에서 시작을 합니다.
② 기준이 될 선을 만들고 같은 결로 선을 만들며 면을 채워갑니다.

1-1

1-2

1-3

2-1

2-2

③ 유칼립투스의 잎 모양을 잡기 위한 새틴을 수놓을 때 신경써야 할 부분은 잎사귀의 꼭지점 부근. 윗부분은 선을 만들 때 같은 점에 넣어 부채꼴 모양으로 돌며 윗부분은 둥글게 만들어 줍니다.

3-1

3-2

3-3

87 ✻ 냅킨

② 새틴 *satin stitch*

- **바늘** 7호
- **실번호** 3849 ❷ / 728 ❷ / 646 ❷

● 하나의 잎에 모두 새틴이 들어가는 경우엔 각 잎마다 결을 다르게 하여 구분해줍니다.
<u>그림과 같이 미리 실로 각 잎의 방향을 정해두고 시작하겠습니다.</u>

● 한 땀마다의 방향을 모두 맞추고, 두 가닥의 실도 나란히 펴주며 수놓아야 결이 곱게 채워집니다.
새틴은 바늘이 나오는 첫점과 들어가는 마지막점을 도안선에 정확이 맞추어야 면을 다 채웠을때 라인이 바르게 보여집니다.

89 ※ 냅킨

91 ❋ 냅킨

다섯 번째
샤셰

샤셰 : 향주머니 안에 포푸리나 말린 허브 등을 넣어
은은한 향이 퍼지도록 만든 생활소품 중의 하나입니다.
역사적으로는 고대 이집트의 왕 무덤에서 향항아리가 발견되는 등
아주 오래전부터 인류가 사용했으며,
17~18세기에는 유럽 귀부인들의 취미로 사용하였다고 합니다.

Lesson 1 더블캐스트온 + 코럴 스티치

입체 자수 더블캐스트온은 조금 더 입체적으로 표현하고자
가닥 수를 많이 두었습니다. 캐스트온 매듭 후
바늘을 뽑기 어려울 때는 골무나, 납작 펜치 등의 도구를 이용해 보세요.

더블캐스트온
744 ⑥
745 ⑥

프렌치넛
in 801 ③
out 780 ③

새틴 646 ②

코럴 646 ⑥

/ 도안 /

Size: 3cm × 6.5cm

① 더블캐스트온 *Double cast on stitch*

- 바늘 3호: 총 12가닥의 실을 바늘3호에 끼워 준비합니다
- 실번호 744 ❻ + 745 ❻

① 744, 745 두 가지 색의 실을 6가닥씩 총 12가닥을 3번 바늘에 끼워 시작합니다.
  (더블캐스트온을 시작할때는 라인의 바깥쪽에서 시작하는것이 모양이 조금더 예쁘게 나옵니다.)

② 만들고자 하는 길이의 끝에서 다시 처음의 시작 점으로 바늘을 꽂아 두고, 744, 745 각각의 색으로 실을 나누어 캐스트온 스티치를 준비합니다.

③ 한쪽의 실을 3-1 사진과 같이 걸어주고 끼워진 바늘의 안쪽까지 당겨 첫 번째 매듭을 만들어 줍니다.

④ 반대쪽의 실도 같은 방법으로 걸어주고 다시 당겨 들뜨는 공간없이 순서대로 차곡히 쌓아줍니다.

⑤ 한쪽씩 번갈아가며 매듭을 쌓아갑니다. (각 6번씩/총 12번)
⑥ 바늘을 위로 뽑기 전 ②에서 갈라둔 실을 다시 모아준 후, 만들어둔 매듭들이 흐트러지지 않게 한손으로 잡고 바늘을 위쪽 방향으로 뽑아줍니다.
(바늘이 잘 뽑히지 않는경우, 자수용 펜치나 골무를 이용합니다.)

⑦ 위쪽을 향해있는 매듭을 패브릭쪽으로 내려 밀착한 후 바늘을 뒤로 통과해 하나의 해바라기잎을 완성합니다.
⑧ 같은 방법으로 하나씩 해바라기 잎들을 완성해줍니다.

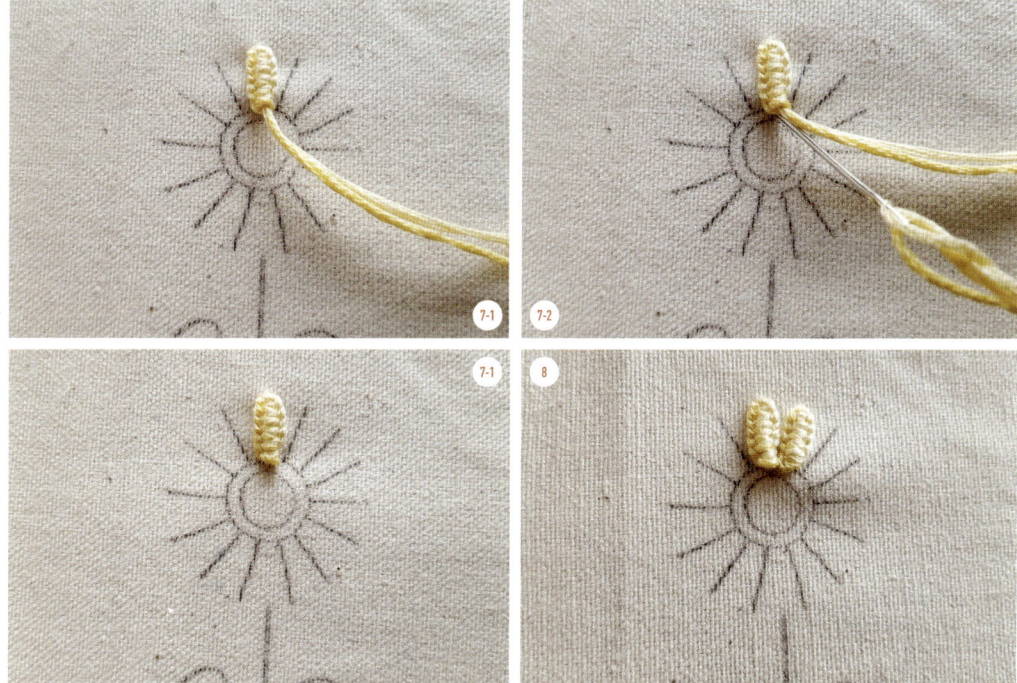

② 코럴 스티치 *coral stitch*

- 바늘 3호
- 실번호 646 ⑥

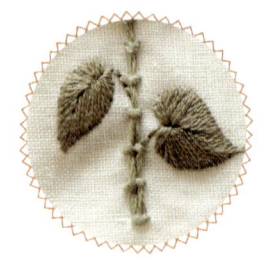

① 해바라기에서 먼저 줄기 라인 하나를 코럴 스티치로 만들고, 아래에서 줄기의 중간까지 한번 더 코럴 스티치를 수놓아 아래쪽은 조금 더 두껍게 만들어줍니다.
코럴 스티치의 자세한 기법 설명은 "기본 스티치" 파트 중 코럴 스티치 편을 참조합니다.

99 ❀ 샤셰

스미르나

꽃잎을 여러 개 반복해 만들며 꽃을 표현하는 스미르나 스티치.
안으로 원을 만들어 들어갈 때, 꽃잎 사이사이를 교차해가며
빈 부분을 최소화 해야 풍성하고 꽉찬 느낌의 꽃을 만드실 수 있습니다.

스미르나 754 ❸
프렌치넛 3770 ❷
스미르나 754 ❸
아웃라인스티치 646 ❷
레이지데이지 936 ❸

스미르나 3849 ❸
프렌치넛 783 ❷
스미르나 3849 ❸
아웃라인스티치 3782 ❷
레이지데이지 646 ❸

/ 도안 /

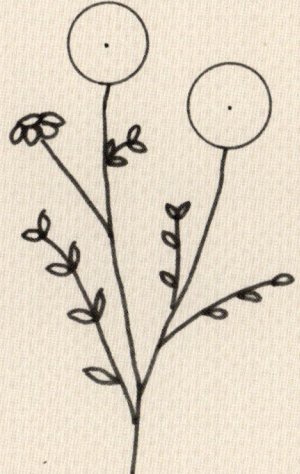

Size: 3.9cm × 6.3cm

1 스미르나 *smyrna stitch*

- 바늘 7호
- 실번호 754 ③

① 원의 바깥 라인에서 바늘을 통과해 시작합니다.

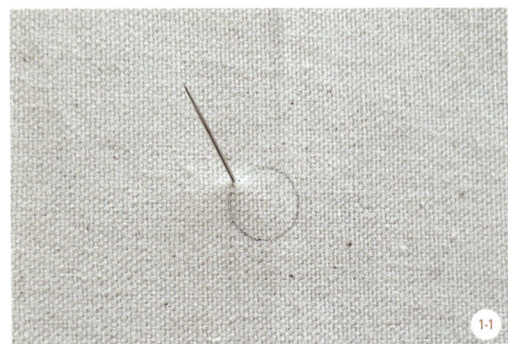

② 약 5mm 정도의 간격을 두고 바늘을 넣습니다.
실은 완전히 패브릭에 밀착되지 않도록 띄워서, 기준이 될 하나의 꽃잎을 만들어줍니다.

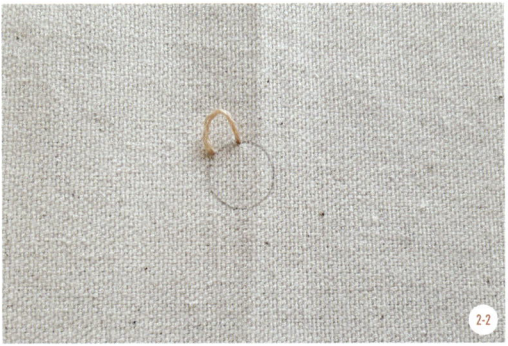

③ 두 번째 꽃잎은 첫 번째 것과 1-2mm의 간격으로 조금씩 옆으로 옮겨가며, 처음 만들었던 크기와 동일한 꽃잎을 반복해서 만들어줍니다.

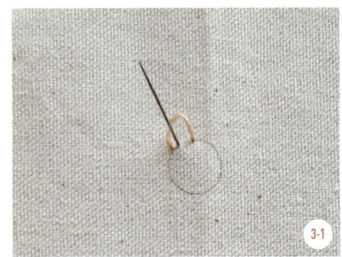
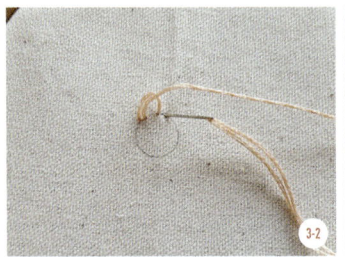
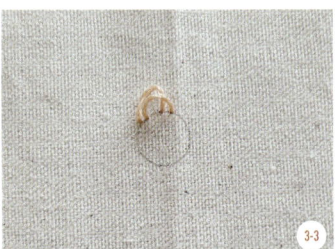

④ 바깥 원쪽에 꽃잎들을 모두 만들었으면, 그보다 조금 더 작은 원이 있다고 생각하며, 다시 같은 스타치로 겹겹이 꽃잎을 만들어줍니다. 중심 부분까지 반복하여 동일한 크기의 꽃잎을 수놓아 스미르나 꽃을 완성해줍니다

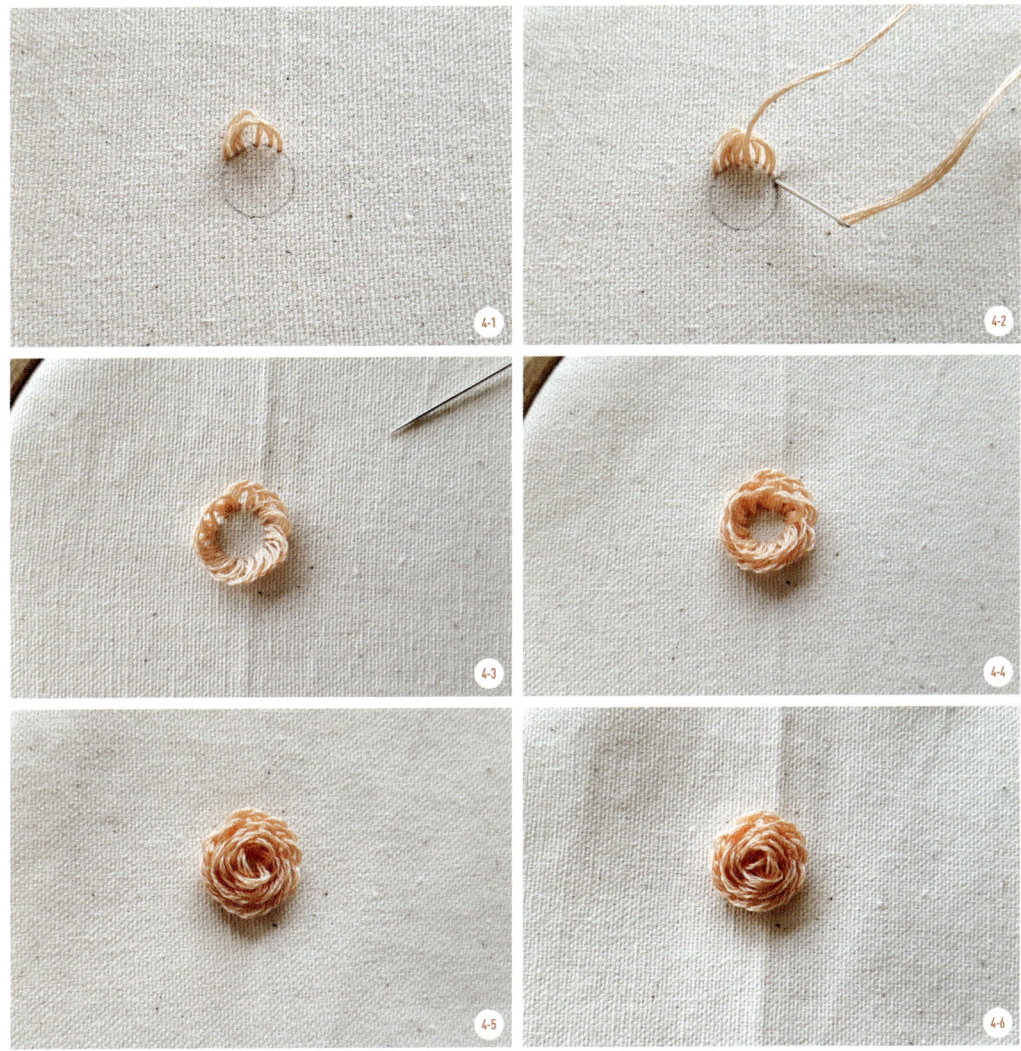

아웃라인 스티치 + 프렌치넛

두 가지의 간단한 스티치만으로도 표현할 수 있는 라벤더 꽃.
프렌치넛의 색상을 골고루 분배해
자연스럽게 색이 퍼질 수 있도록 표현해보세요.

⬢ 아웃라인 스티치

- 바늘 7호
- 실번호 646 ❷ / 936 ❷

아웃라인 스티치의 자세한 기법설명은 "기본 스티치" 파트 중 아웃라인 스티치 편을 참조합니다

⬢ 프렌치넛

- 바늘 7호
- 실번호 208 ❸ / 209 ❸ / 210 ❸

프렌치넛 스티치의 자세한 기법설명은 "기본 스티치" 파트 중 프렌치넛 스티치 편을 참조합니다

프렌치넛 208 ❸
209 ❸
210 ❸

아웃라인 936 ❷

스트레이트 729 ❸

아웃라인 646 ❷

프렌치넛 208 ❸
209 ❸
210 ❸

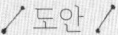

Size: 2.6cm × 7cm

Lesson 4 페탈 + 새틴 + 카우칭 스티치

같은 크기로 만들어야 하기에 조금 난이도가 있는 페탈 스티치는,
세 개의 원을 겹겹이 만들어 마무리 하기 전에
실을 가지런히 정리하는 것이 중요한 포인트입니다.

페더 3882 ④
레이지데이지 646 ②
페탈 919 ⑥
새틴
645 ②
646 ②
647 ②
페탈 919 ⑥
레이지데이지 646 ⑥
페더 3882 ③
아웃라인 3882 ③
카우칭 646 ⑥
3882 ③

/ 도안 /

Size: 5.3cm x 7.3cm

1 페 탈 *petal*

- 바늘 3호
- 실번호 919 ⑥

① 만들고자 하는 꽃잎의 아래쪽에서 바늘을 통과해 시작합니다.
② 실이 통과해 나온 같은 자리에 바늘을 다시 넣고 꽃잎의 꼭지점까지 떠서 걸쳐둡니다.

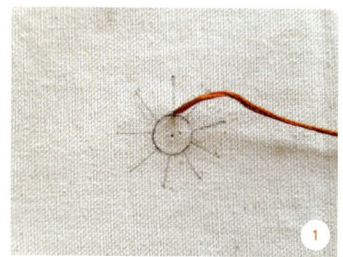

③ 처음 통과했던 실을 바늘의 위쪽으로 돌려 감싼 후, 바늘을 위쪽으로 뽑아줍니다.
(❸번 과정은 레이지데이지 기법과 동일합니다.)

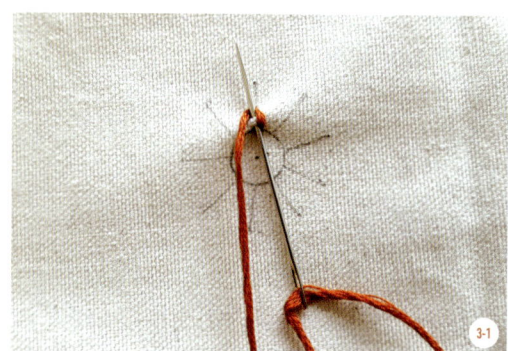
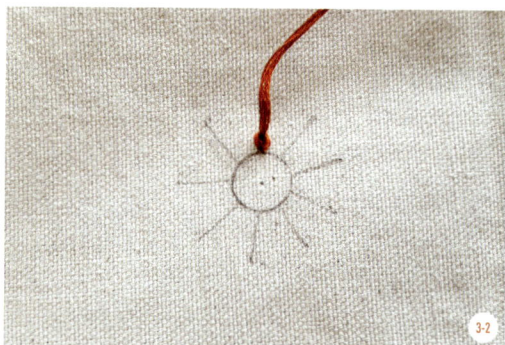

④ ❸번 과정에서 만들어진 고리모양에 바늘을 통과해 만들고자 하는 페탈의 꽃잎 크기만큼의 원을 만들어줍니다.

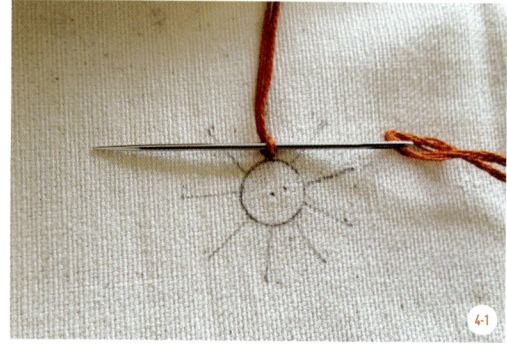
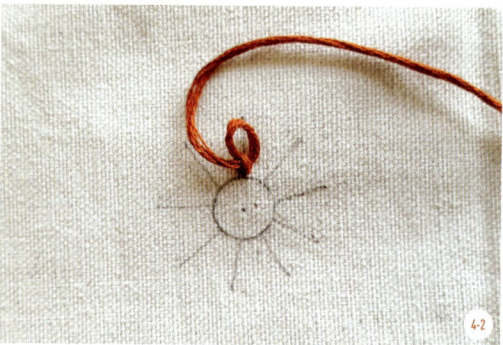

⬢ ❻번에 통과했던 같은 고리에 다시 바늘을 통과해, 만들었던 원과 같은 크기의 원을 만들어 줍니다.
(한번더 반복하여, 총 3개의 원을 만들어 둡니다.)

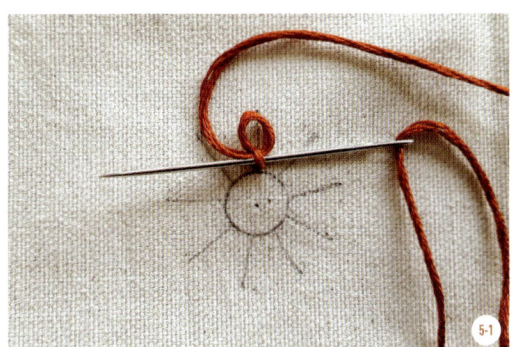
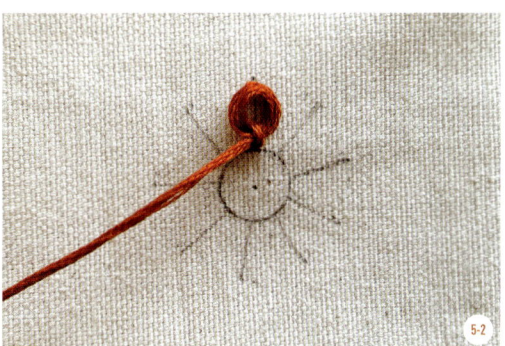

⬢ 세 개의 원으로 새로이 만들어진 원의 가운데로 바늘을 통과해 걸쳐두고 남은 실을 바늘의 앞에서 뒤로 돌려감싸, 위로 뽑아줍니다. (원의 윗부분에 매듭이 지어집니다.)

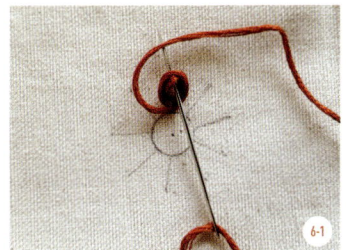
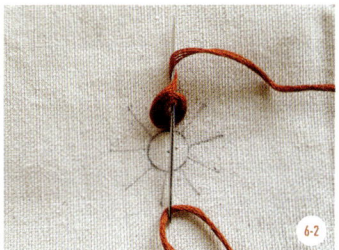

⬢ 크기에 맞추어 원의 위쪽, 패브릭에 바늘을 통과해 마무리 지어줍니다.

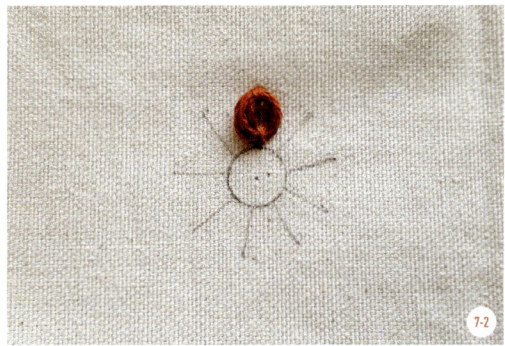

② 새 틴 *satin*

- 바늘 7호
- 실번호 646 ❷

① 잎의 꼭지점에서 시작을 해서 중앙에 기준선을 길게 만들어줍니다.

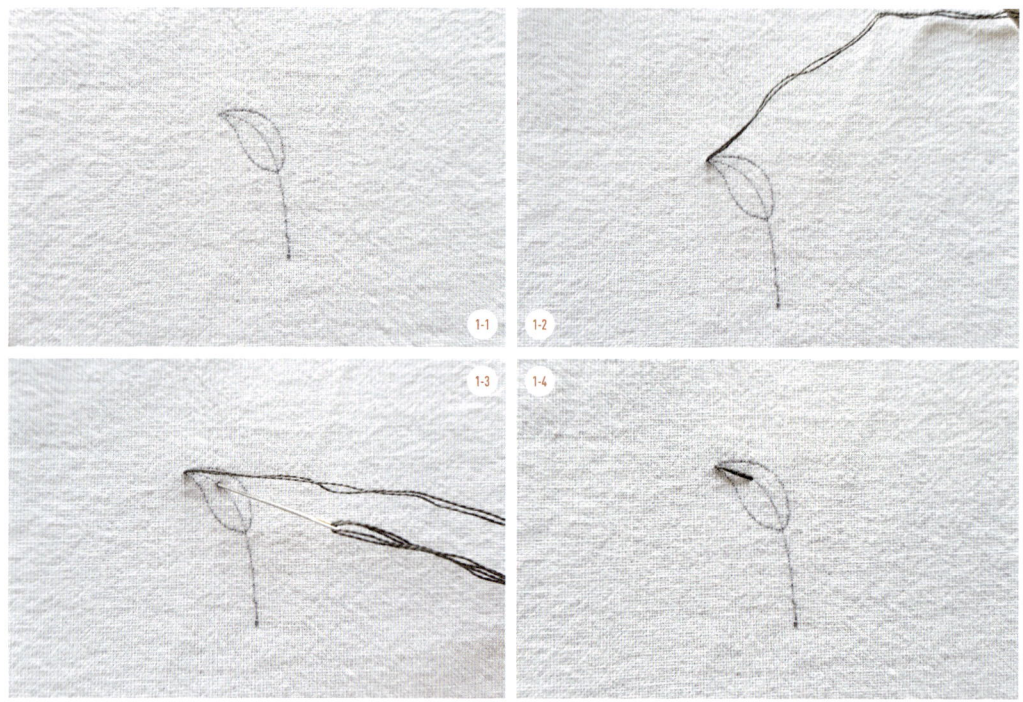

② 장미잎은 세가지의 색으로 사용하기에, 645-646-647 의 순서로 중간에 바꾸어 줍니다.
젤 진한 645(2)로 양쪽을 번갈아 V를 만들어가며 면을 채워줍니다.

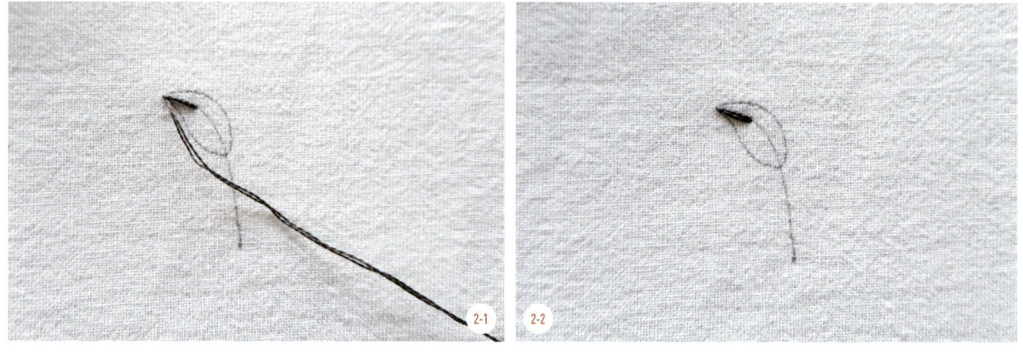

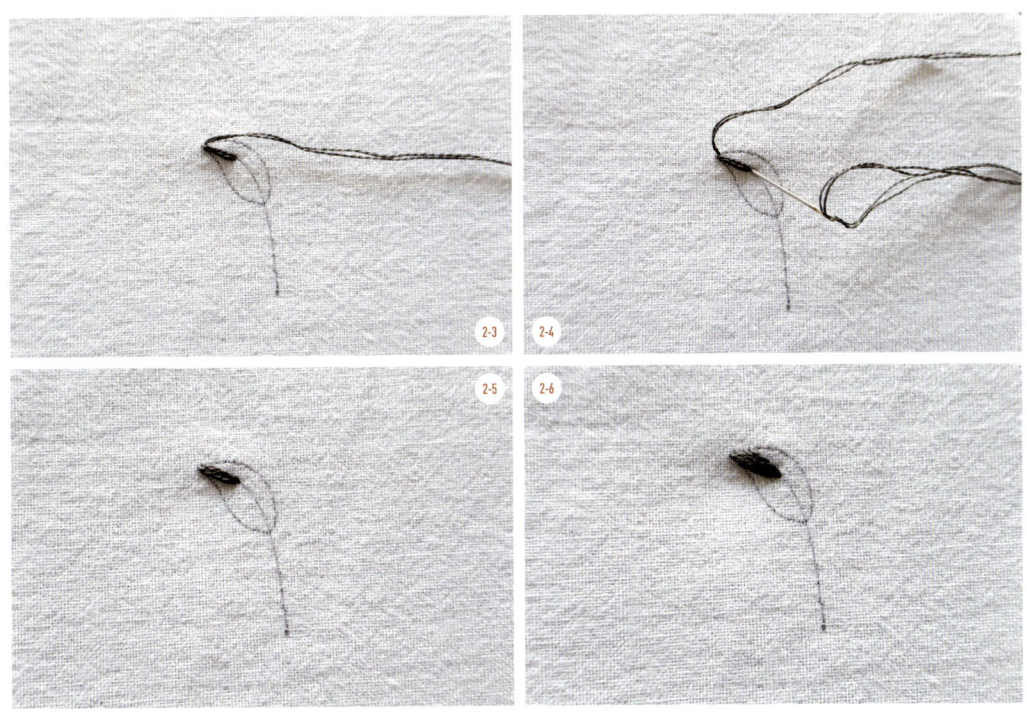

🔴 646과 647로 순차적으로 잎의 나머지 부분도 채워줍니다.
한쪽 면은 먼저 채운후 반대쪽 면을 채워도 좋고 번갈아가며 면을 메꾸어가도 좋습니다.

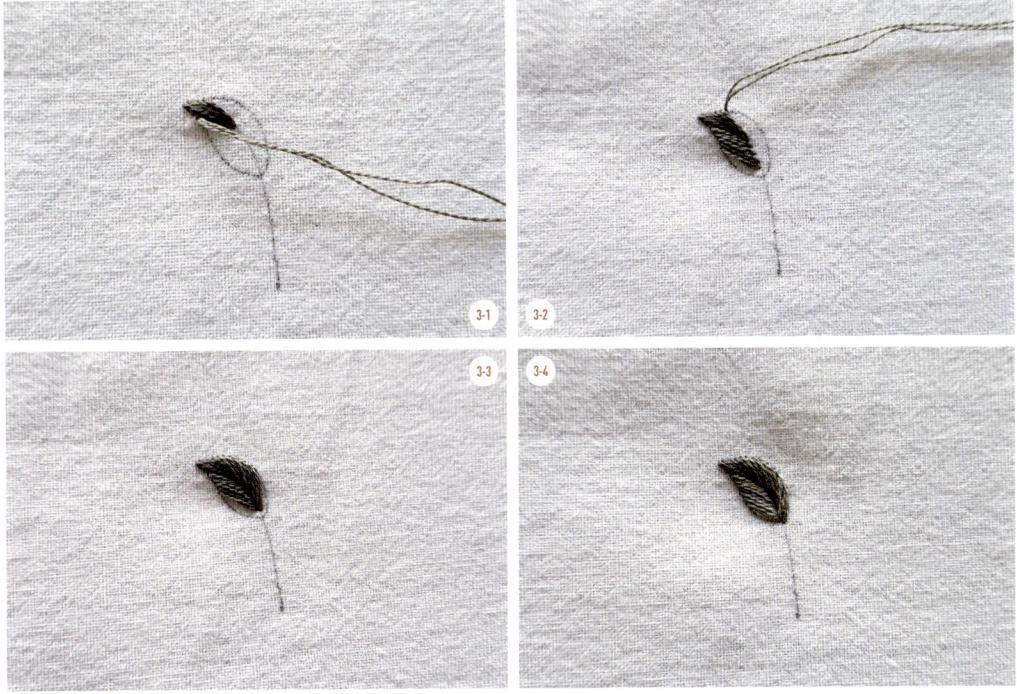

③ 카우칭 스티치 *couching stitch*

- 바늘 3호 / 바늘 7호
- 실번호 646 ❷ / 3882 ❸

① 먼저 646번 6가닥의 실을 시작점에서 통과해 둡니다.
② 다른 바늘에 끼워진 3882번 3가닥의 실은, 마디를 만들고자 하는 라인의 위치에 통과해 둡니다.

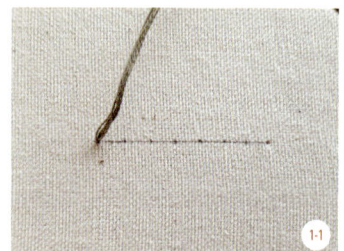
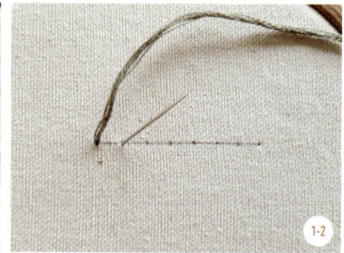
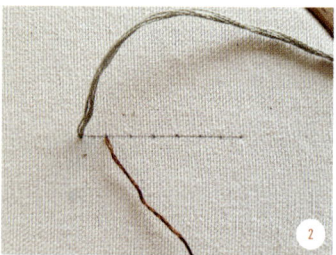

③ 3882번 3가닥의 실은, 줄기가 되는 646번 6가닥의 실을 감싸며 같은 곳에 넣어 하나의 마디를 완성합니다.

④ 같은 방법으로 각각의 마디를 만들어줍니다.
(마디의 간격은 같아도 좋고, 조금씩 다르게 자연스럽게 만들어두셔도 좋습니다.)

⬢ 원하는 길이까지 마디를 만들었다면, 끝나는 지점에 646번 6가닥의 실을 넣어 마무리 해줍니다.

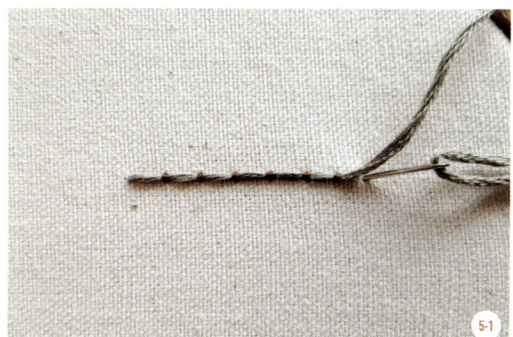

⬢ 샤셰의 뒷면은 주머니 모양으로 오픈되어 있어, 말린 라벤더나 말린 향꽃 등을 넣어 원하는 곳에 두면 됩니다.

114 ✤ 프랑스 자수 소품집

115 ✽ 샤셰

여섯 번째

꽃액자

무념무상 바늘과 춤을 추다보면
어느새 꽃 한다발이 패브릭 위에 피어납니다.
간단하고 기본적인 스티치들만으로도 완성되는 꽃 시리즈.
천천히 한 땀 한 땀, 바늘이랑 실이랑 놀아볼까요.

Lesson 1 푸른꽃 액자

/ 도안 /

Size: 7.3cm x 11cm

Lesson 2 분홍꽃 액자

╱ 도안 ╱

Size: 10cm x 12cm

121 ❋ 꽃액자

Lesson 3 데이지꽃

- 롱앤숏 blanc ❷
- 새틴 728 ❷
- 프렌치넛 3826 ❷
- 새틴 3346 ❷
- 새틴 3362 ❷
- 새틴 3346 ❷
- 아웃라인 3362 ❷
- 아웃라인 801 ❸
  - 아랫부분은 아웃라인 두 번

/ 도안 /

Size: 6.8cm x 10.3cm

Lesson 4   입체꽃 캐스트

아웃라인 936 ②
새틴 3830 ②
캐스트온 (안) 224 ⑥
　　　　 (밖) 223 ⑥
레이지데이지 936 ②
새틴 407 ②
새틴 3782 ②
새틴 936 ②
아웃라인 3782 ②
새틴 169 ②
새틴 3782 ②
새틴 783 ②
플라이 407 ③

/ 도안 /

Size: 6.5cm x 7.6cm

125 ❀ 꽃액자

① 캐스트온 스티치 *cast on stitch*

- 바늘 3호
- 실번호 안쪽 224 ❻ / 밖 223 ❻

❶ 중앙의 점보다 조금 위쪽에서 바늘을 통과해 시작합니다.
❷ 다시 바늘을 중앙점보다 조금 아래에 넣고 처음 시작점으로 바늘끝을 통과해 걸쳐둡니다.

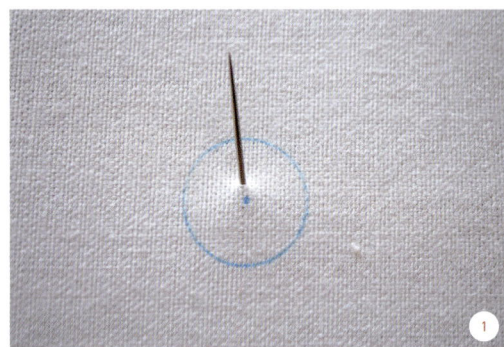 

❸ 사진과 같이 실을 손가락에 감아 바늘 위쪽에 끼워줍니다.
바짝 당겨 패브릭에 밀착 시켜 첫 매듭을 만듭니다.

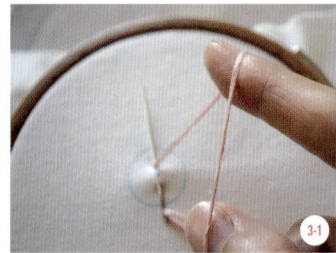  

같은 방법으로 코(매듭)을 순차적으로 만든 후 한 손으로 매듭을 잡고 다른 한 손으로 바늘을 잡고 위쪽으로 뽑아 줍니다.
(처음엔 5코 정도만 잡아 주세요, 뒤로 갈수록 코를 늘려갑니다.)

바늘끝은 아래쪽에 넣어 동그란 모양이 되도록 기둥을 만들어줍니다.

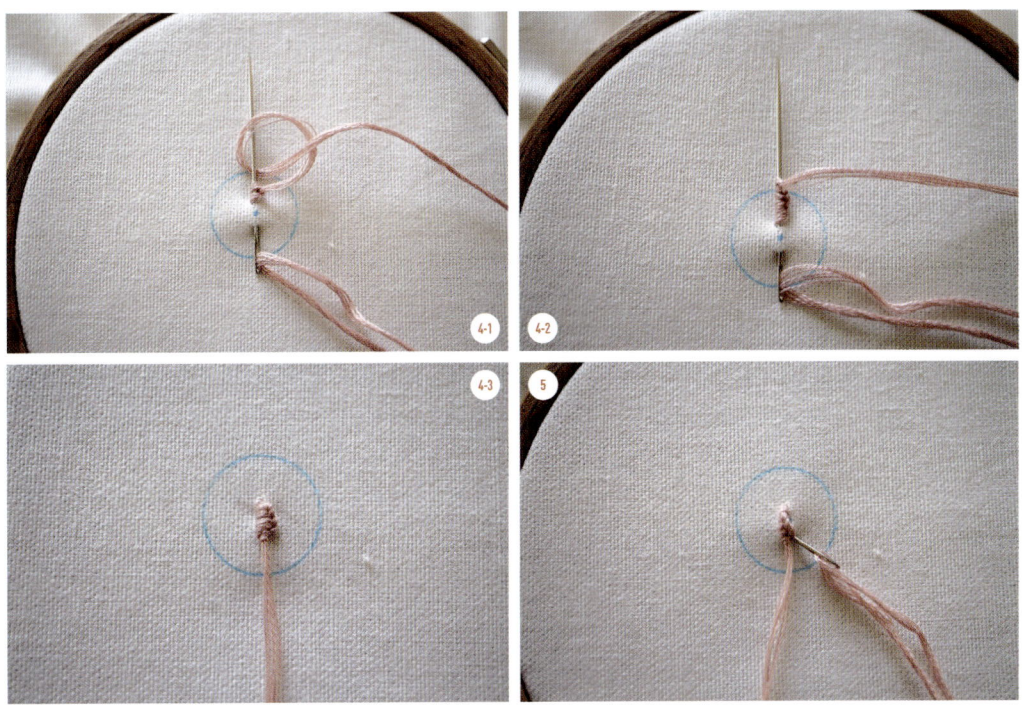

앞에 만들어진 기둥의 반 정도의 지점에 바늘을 다시 통과하고, 한 땀 0.3정도의 넓이로 떠서 두 번째 매듭을 준비합니다.

같은 방식으로 코(매듭)를 만들어, 첫 번째 기둥을 돌려 감싸며 끝점에 맞추어 바늘을 넣어줍니다.

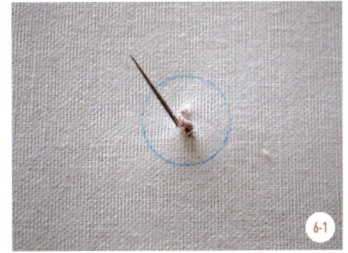 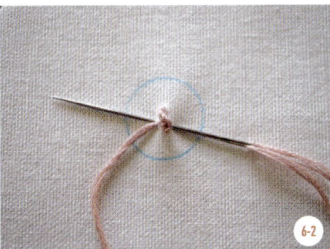 

⑧ 원의 반 정도가 될 때까지 꽃잎을 겹겹이 만들어줍니다.

~~~~~~

TIP

① 한 도안에 캐스트온/입체 자수와 새틴/평면 자수가 함께 있는 경우엔 평면 자수를 먼저 완성한 후 입체 자수를 시작해주세요.

② 코를 잡기 위해 바늘을 뜰 때, 만들어지는 꽃잎의 길이에 상관없이 한 땀 0.3mm만 떠주세요.

③ 잎사귀가 감싸 만들어지는 방향으로 바늘을 떠주어야, 활짝 펴진 꽃잎이 만들어집니다.

④ 뒤로 갈수록 매듭코를 늘려가지만, 너무 길지 않게 적당히 나누어가며(8코-12코 사이), 꽃잎을 겹겹이 만들어 주어야 더 풍성한 꽃잎이 됩니다.

129 ✽ 꽃액자

130 ✻ 프랑스 자수 소품집

131 ❀ 꽃액자

Lesson 5 스파트필름 꽃

안쪽 면 : 롱앤숏 blanc ❸
테두리 : 아웃라인 blanc ❷

프렌치넛 728 ❸

새틴 646 ❷

안쪽 면 : 롱앤숏 3363 ❸
테두리 : 아웃라인 3363 ❷

아웃라인 646 ❸

새틴 646 ❷

/ 도안 /

Size: 5.6cm x 9.6cm

꽃다발 액자

꽃: 캐스트온 blanc ❻
꽃씨: 프렌치넛 353 ❸

블리온링 3880 ❹ / 223 ❹
줄기: 레이지데이지 646 ❹

롱앤숏 728 ❷ +743 ❷ +744 ❷
프렌치넛 161 ❸

꽃: 롱앤숏 3770 ❷ 3743 ❷ 3042 ❷
꽃씨: 프렌치넛 161 ❸

안쪽 면 : 프렌치넛 437 ❸
바깥 면 : 스미르나 3770 ❸

꽃: 프렌치넛 224 ❹
꽃받침: 레이지데이지 646 ❸

캐스트온 울사 221 ❶

프렌치넛 3770 ❻
아웃라인 646 ❷
레이지데이지 647 ❷

꽃: 블리온노트 223 ❸ 353 ❸
줄기: 레이지데이지 647 ❷

페더 160 ❸

페더 161 ❸

새틴 936 ❹

안쪽 면: 프렌치넛 646 ❸
바깥 면: 폼폼 160 ❸ 161 ❸

레이지데이지 936 ❷

블리온노트 blanc ❸

블리온노트 160 ❸ /161 ❸

프렌치넛 3770 ❻

꽃잎 새틴 blanc ❷
프렌치넛 801 ❷ +728 ❷

안쪽 면: 프렌치넛 646 ❸
바깥 면: 폼폼 160 ❸ 318 ❸

새틴 646 ❸

새틴 646 ❷

블리온노트 223 ❸

새틴 936 ❻

새틴 647 ❷
아웃라인 647 ❷

새틴 646 ❻

아웃라인 801 ❸

아웃라인 646 ❷ / 936 ❷

휘프트러닝 223 ❸ + 3770 ❸

코럴 728 ❻

코럴 646 ❻

/ 도안 /

Size: 10.6cm x 12.5cm

1 폼폼 스티치 (터키워크)

- **바늘** 3호: 총 12가닥의 실을 바늘3호에 끼워 준비합니다.
- **실번호**

● 터키워크라고도 불리는 폼폼 스티치는 스미르나스티치와 방식이 비슷합니다.
원라인에서 시작하여, 0.5센티 정도의 간격으로 먼저 하나의 곡선(꽃잎)을 만들어 줍니다.
(중앙에 프렌치넛이 있는 경우, 프렌치넛부터 채운 후 폼폼 스티치를 시작합니다.)

● 첫 번째 잎보다 0.1미리 정도 전진하여 바늘땀을 내어 다음 만들어질 꽃잎의 넓이 만큼의 직선을 만들어줍니다.

● 만들어진 직선의 첫 시작에서 바늘을 통과해 직선의 끝지점 즈음에 바늘을 넣어 두 번째 꽃잎이 될 곡선을 만들어 줍니다.

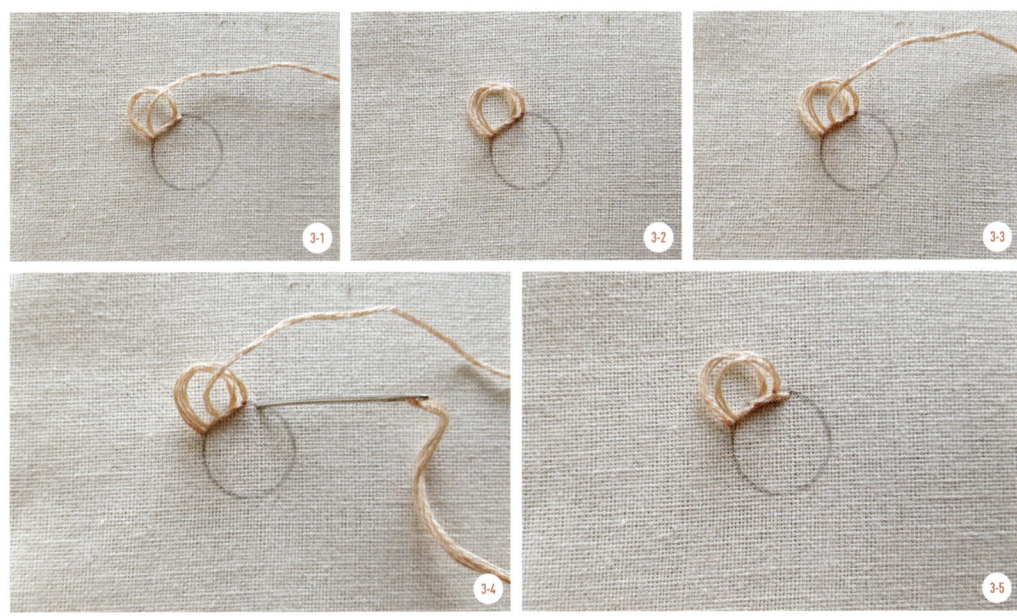

● 반복하여 직선과 곡선을 반복하며 꽃잎을 촘촘히 만들어갑니다.
겉에 원을 다 채운 후 조금씩 안쪽으로 소용돌이치는 원을 만들어 가며 하나씩 꽃잎을 쌓아갑니다.
(중심에 프렌치넛을 만들어둔 경우, 프렌치넛 라인까지만 폼폼 스티치를 채워줍니다.

사진과 같이 곡선의 꽃잎을 모두 잘라준 후, 높이를 다듬어 보슬보슬한 꽃이 되도록 정돈해 줍니다.

② 블리온 노트

• **바늘** 5호: 굵은 바늘을 사용하면 조금더 통통한 모양을 낼수있습니다

① 선의 한쪽 끝에서 시작해 만들 길이만큼 바늘을 떠줍니다.
(바늘끝은 처음 실이 나온 위치에 동일하게 통과합니다.)

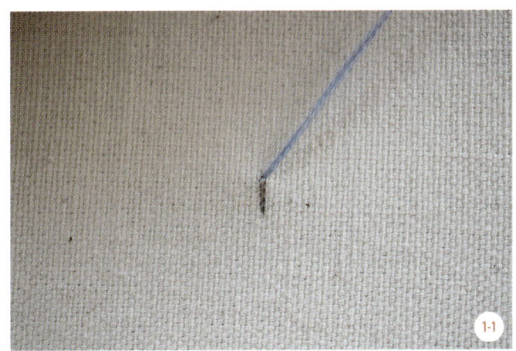

② 패브릭에 붙어있는 실을 바늘에 돌려 감싸준 후 바늘을 위로 뽑아줍니다.
(패브릭을 뜬 빈 공간만큼을 돌려 감싸 줍니다.)

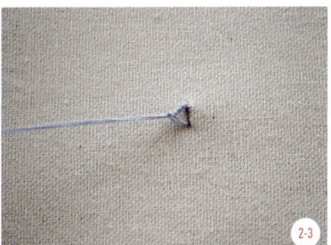

③ 남아있는 실은 조금씩 당겨서 패브릭에 완전히 밀착시킨 후 , 끝점에 바늘을 넣어 마무리 짓습니다.

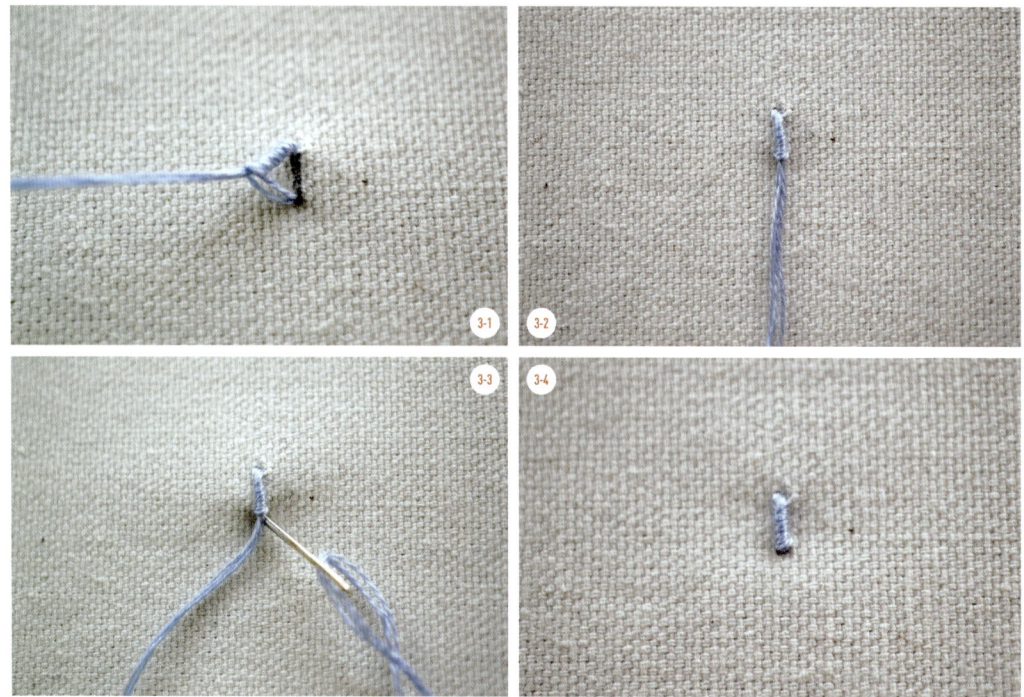

④ 같은 방식으로 옆에 나란히 블리온노트를 하나 더 만들어줍니다.

프랑스 자수 소품집

143 ❀ 꽃액자

145 ❀ 꽃액자

• 후아유의 꽃자수 소품 •

프랑스 자수 소품집
Vol. 2

저자협의
인지생략

1판 1쇄 인쇄 2018년 12월 5일	1판 1쇄 발행 2018년 12월 10일
1판 2쇄 인쇄 2020년 1월 20일	1판 2쇄 발행 2020년 1월 25일

지 은 이   정다운
발 행 인   이미옥
발 행 처   아이생각
정   가   15,000원
등 록 일   2003년 3월 10일
동록번호   220-90-18139
주   소   (03979) 서울 마포구 성미산로 23길 72 (연남동)
전화번호   (02) 447-3157~8
팩스번호   (02) 447-3159

ISBN 978-89-97466-54-2 (13630)
I-18-11
Copyright ⓒ 2020 ithinkbook Publishing Co., Ltd

D·J·I
BOOKS
DESIGN
STUDIO

- Book • Character • Goods • Advertisement
- Graphic • Marketing • Brand Consulting

f FACEBOOK.COM/DJIDESIGN